| 지은이 **린다 굿맨**Linda Good

1925년 미국의 웨스트버지니아에 ~~ 자 저널리스트였으며 시인이자 천 ~~ 계대전 동안 〈린다의 러브레터Love Letters from Linda〉라는 유명한 라디오 프로그램을 진행하면서 명성을 얻기 시작했습니다. 그 이후 미국의 동부와 남동부 지역 신문에 기고를 하면서 본격적인 저술 활동을 시작하였고, 흑인 인권운동가이자 미국도시연맹National Urban League의 회장이었던 휘트니 영Whitney Young의 연설문을 작성하기도 했습니다. 린다 굿맨이 풍부한 임상 경험과 인간에 대한 깊은 이해를 바탕으로 집필한『당신의 별자리』는 1968년 출간 이후 공전의 히트를 기록하였습니다. 천문해석학 분야의 책으로는 처음으로『뉴욕 타임스』베스트셀러 목록에 오르는 쾌거를 이루었고, 1978년 출간된『사랑의 별자리Linda Goodman's Love Signs』또한『뉴욕 타임스』베스트셀러 목록에 올렸습니다. 그녀의 책들은 40여 년이 지난 지금까지 전 세계 독자들의 사랑을 받고있는 고전이며 베스트셀러입니다. 책 곳곳에는 네 명의 자녀를 둔 어머니로서 자녀들에게 전해 주고 싶은 아름답고 따뜻한 경험과 지혜가 스며들어 있습니다. 그녀는 콜로라도 주에 있는 크리플 크리크에서 말년을 보냈으며, 그녀가 살던 집은 현재 여행자들을 위한 게스트하우스가 되었습니다. 1995년향년 70세로 생을 마감했습니다.

| 옮긴이 **이순영**

1970년 강릉에서 태어나고 자랐습니다. 한국외국어대학교 영어과를 졸업한 뒤여러 기업체에서 해외 업무를 담당했습니다. 2009년 도서출판 북극곰을 설립하여 환경과 영혼의 치유를 주제로 일련의 책들을 꾸준히 발간하고 있으며, 번역가로도 왕성하게 활동하고 있습니다. 번역서로는 노베르트 로징의『북극곰』, 마르타 알테스의『안돼!』, 엠마누엘레 베르토시의『나비가 되고 싶어』가 있으며, 린다 굿맨의『사랑의 별자리』도 곧 아름다운 우리말로 선보일 예정입니다.

당신의 별자리

사자자리

Linda Goodman's Sun Signs

전 세계 1억 독자의 마음을 사로잡은 작가 린다 굿맨
열두 별자리 지구인에 대한 가장 따뜻한 심리학

당신의 별자리

사자자리

7. 24 ~ 8. 23

린다 굿맨 지음 | 이순영 옮김

진정으로 지인들을 이해했던 쌍둥이자리 마이크 토드를 위하여

그리고 물고기자리 멜리사 앤과의 약속을 지키기 위해

이리하여 이상한 나라가 생겨났네.
이렇게 서서히 하나씩 하나씩
이상한 사건들이 일어나고
이제 하나의 이야기가 만들어졌네.

감사의 말

나의 벗이자 스승인 처녀자리 천문해석가 로이드 코프의 도움과 조언에 깊이 감사드립니다. 로이드의 격려와 신뢰가 없었다면 이 책은 그저 양자리의 여러 꿈 중 하나로만 남아 있었을 것입니다.

★ 열두 별자리 개요

별자리	상징	기간	지배행성	구성 원소	상태
양자리 *Aries*	♈	3.21~4.20	화성 *Mars*	불	활동
황소자리 *Taurus*	♉	4.21~5.21	금성 *Venus*	흙	유지
쌍둥이자리 *Gemini*	♊	5.22~6.21	수성 *Mercury*	공기	변화
게자리 *Cancer*	♋	6.22~7.23	달 *Moon*	물	활동
사자자리 *Leo*	♌	7.24~8.23	태양 *Sun*	불	유지
처녀자리 *Virgo*	♍	8.24~9.23	수성 *Mercury*	흙	변화
천칭자리 *Libra*	♎	9.24~10.23	금성 *Venus*	공기	활동
전갈자리 *Scorpio*	♏	10.24~11.22	명왕성 *Pluto*	물	유지
사수자리 *Sagittarius*	♐	11.23~12.21	목성 *Jupiter*	불	변화
염소자리 *Capricorn*	♑	12.22~1.20	토성 *Saturn*	흙	활동
물병자리 *Aquarius*	♒	1.21~2.19	천왕성 *Uranus*	공기	유지
물고기자리 *Pisces*	♓	2.20~3.20	해왕성 *Neptune*	물	변화

★ 용어 설명

- **천문해석학**astrology : 인간이 태양과 달을 포함한 행성들의 영향을 받는다는 전제 하에 태어나는 시간과 장소에 따른 행성들의 위치에 근거하여 사람의 성격과 삶에 대하여 풀이하는 학문으로, 일명 점성학이라고 알려져 있음.
- **출생차트**natal chart : 태어나는 시간과 장소에서 본 행성들의 위치.
- **충돌 각도**hard aspect : 출생차트의 행성들이 서로 90도나 180도를 이루고 있는 경우.
- **태양별자리**sun signs : 태어난 시간과 장소에서 볼 때 태양이 위치하고 있는 별자리.
- **달별자리**moon signs : 태어난 시간과 장소에서 볼 때 달이 위치하고 있는 별자리.
- **동쪽별자리**ascendant : 태어난 시간과 장소에서 볼 때 동쪽 지평선에 위치하고 있는 별자리.
- **영역**house : 태어난 시간에 태어난 위치에서 보이는 하늘을 12구역으로 나눈 것으로 인생의 다양한 경험 분야를 의미함.
- **경계선**cusps : 각 영역의 시작점.

★ 별자리(태양별자리)란?

'태양별자리'라는 말은 당신이 만약 쌍둥이자리라면 당신이 태어난 시간에 태양이 쌍둥이자리라 불리는 곳에 위치해 있었고, 그 시기는 대략 5월 22일에서 6월 21일 사이라는 것을 의미합니다. 그 기간은 천문해석학 책에 따라 약간씩 다를 수 있습니다. 실제로 태양별자리가 바뀌는 시점은 정해져 있지 않습니다. 자정에 바뀐다고 가정하면 매우 간단한 일이지만 실제로는 그 시간이 하루 중 언제가 될지 알 수 없답니다. 예를 들어, 지난 몇십 년 동안은 양자리가 황소자리로 바뀌는 날은 4월 20일이었습니다. 그러니 4월 20일은 때에 따라 양자리가 될 수도 있고 황소자리가 될 수도 있는 것입니다. 출생차트를 뽑아 보지 않으면 사실은 양자리인 당신이 평생 황소자리라고 잘못 알고 살 수도 있는 것입니다. 어떤 별자리가 시작하는 날이나 끝나는 날에 태어난 사람이라면 정확한 출생 시간과 출생 장소(위도 및 경도)를 알고 있어야만 어떤 별자리인지 정확하게 알 수 있습니다.

※ 이 책에 인용된 시들은 모두 루이스 캐럴의 작품에서 빌어 왔음을 밝혀 둡니다.
  한국어판에서는 비룡소에서 출판한 『이상한 나라의 앨리스』와 『거울나라의 앨리스』를 참조하였습니다.
※ 개인의 출생차트는 윈스타winstar 프로그램이나 http://www.astro.com 등을 이용하여 볼 수 있습니다.
※ 이 책의 각주는 모두 역자가 단 것입니다.

목차

태양별자리를 어떻게 이해할 것인가

오래 전 이야기가 시작되었으니
여름의 태양이 그 빛을 발하고 있을 때
우리가 노 젓는 박자에 맞추어
울려 퍼지던 단아한 종소리

언젠가 당신은 출생차트의 상세한 내용을 알고 싶어질 때가 올 겁니다. 하지만 출생차트를 이해하려면 우선 무엇보다도 태양별자리를 이해해야 합니다. 우리는 잡지나 신문에서 단순히 열두 가지로 분류된 별자리 운세를 흔히 볼 수 있습니다. 그런데 별자리 운세를 읽는 것과 개개인의 태양별자리를 이해하는 것을 혼동하지 않았으면 합니다. 별자리 운세는 대체로 아주 그럴듯한 내용으로 당신의 관심을 끌지는 몰라도 오류가 전혀 없다고 할 수는 없습니다. 당신의 성격과 에너지를 전문적이고도 정확하게 분석하려면 당신이 태어난 정확한 날짜와 시간에 근거한 출생차트가 필요합니다.

하지만 이런 별자리 운세를 '누구에게나 해당하는 뻔하고 일반적인 내용을 모아놓은 잡동사니'로 치부해 버리는 경향도 경계해야 합니다. 이 또한 사실이 아니니까요. 그러한 예언(암시라는 말이 더 적합하겠지만)은 황소자리나 물고기자리 또는 처녀자리에게 각각 적용되는 것이지 열두 별자리 모두에게 마구잡이식으로 적용되는 이야기는 아닙니다. 별자리 운세는 실력 있는 전문가들이 출생차트의 태양별자리를 비롯하여 그 시기에 하늘에서 움직이는 여러 행성들 사이의 각도를 수학적으로 계산하여 작성하므로 어느 정도까지는 예측이 가능합니다. 그러나 중요한 것은 그러한 예측들이 개개인의 출생차트에 있는 태양별자리와 여덟 개의 행성 및 달의 각도를 정확하게 반영하지 않기 때문에 개인별로 완벽하게 맞아떨어지지는 않는다는 것입니다. 이러한 결함을 감안하고 본다면 별자리 운세는 흥미롭고 도움이 될 만한 정보입니다.

태양은 모든 별 중에서도 가장 강력한 별입니다. 태양은 인간의 성격에 지대한 영향력을 미치기 때문에 태양별자리에 대한 해석만으로도 그날 태어난 개인에 대해서 놀라울 정도로 정확하게 설명할 수 있습니다. 태양의 전자기 파장(현재의 연구조사 수준에서는 이렇게밖에 표현할 수 없습니다.)은 우리가 인생을 살아가면서 태양별자리의 기질을 지속적으로 발현해 나갈 수 있도록 해 줍니다. 태양별자리가 인간의 행동과 특징을 분석하는 데 사용하는 유일한 요소는 아니지만, 상당히 중요한 의미를 차지하고 있습니다.

어떤 천문해석가는 태양별자리를 다루는 책들이 민족별·직업별 특징을 무시하고 인간의 특징을 일반화했다고 주장하기도 합니다. 그러한 생각에 대해 이해는 하지만 동의할 수는 없습니다. 물론 태양별자리를 잘못된 태도로 사용한다면 사람들을 호도하기 쉽다는 것은 사실입니다. 하지만 분명한 것은 출생차트 없이 태양별자리를 해석하는 것만으로 탁월하게 인간을 분석하고 본성을 이해할 수 있다는 사실입니다.

    개인의 태양별자리는 대략 80퍼센트 정도 정확하며 가끔은 90퍼센트까지도 정확한 경우가 있습니다. 이 정도라면 아무것도 모르는 것보다는 훨씬 낮지 않을까요? 물론 나머지 10~20퍼센트도 매우 중요하므로 무시할 수는 없습니다. 하지만 우리가 한 사람의 태양별자리를 안다면 이미 기본적인 정보들을 얻게 되는 것입니다. 태양별자리에 관한 지식을 신중하게 적용한다면 위험성은 전혀 없다고 할 수 있습니다. 우리가 나머지 10~20퍼센트로 인해 잘못된 정보를 얻을 수도 있다는 점을 유념한다면 자신 있게 태양별자리를 해석할 수 있습니다.

    그렇다면 태양별자리란 무엇일까요? 태양별자리란 당신이 태어나서 첫 숨을 들이쉬던 그 순간 태양이 있던 특정한 위치, 즉 양자리·황소자리·쌍둥이자리 등을 말합니다. 이는 천문학자들이 계산해 놓은 천문력 ephemeris에 따라 추출해 낸 정확한 위치를 의미합니다. 일러두기에서 밝힌 바와 같이 어떤 태양별자리가 시작하는 날이나 끝나는 날에 태어난 사람의 경우에는 정확한 출생 시간과 출생 장소의 위도 및 경도를 알아야만 어떤 태양별자리에 해당하는지 정확하게 알 수 있습니다. 다시 말해 이 책을 포함하여 모든 천문해석학 책에서 태양별자리가 시작하는 날과 끝나는 날은 대략적인 날짜라는 점을 반드시 기억해 주길 바랍니다. 이 시작하는 날과 끝나는 날을 경계선이라고 하는데, 이 경계선은 다소 혼란스러운 부분이 있습니다. 어떤 천문해석가는 이 기간을 조금 더 길게 보는 경우도 있지만, 어쨌거나 초보자는 헷갈릴 수밖에 없습니다. 그러나 당신이 태어난 날의 태양별자리가 쌍둥이자리라면 아무리 그 날짜가 경계선에 가깝다고 하더라도 쌍둥이자리라고 보아야 합니다. 쌍둥이자리 앞 별자리나 그 다음 별자리의 영향력을 무시할 수는 없지만, 그렇다고 해서 당신을 황소자리나 게자리로 바꿀 정도로 쌍둥이자리의 특성이 가려지지는 않습니다. 특정 별자리에 위치하고 있는 태양의 광채를 약화시킬 수 있는 것은 아무것도 없으며, 경계선 상에 태어난 경우 생기는 약간의 변수조차도 태양별자리의 특성을 완전히 바꿀 만큼 강력하지는 않습니다. 당신이 태어난 시간이 경계선에 해당하는지 정확하게 확인하고, 그런 경우라면 약간은 참작하되 그 다음에는 그 사실을 잊어버려도 괜찮습니다.

출생차트란 무엇일까요? 출생차트란 당신이 태어나던 순간에 하늘에 있던 모든 행성들의 위치를 마치 사진을 찍듯이 정확한 수학 계산에 따라 재구성한 지도라고 이해하면 좋습니다. 발광체인 태양과 달을 비롯하여 여덟 개의 행성이 있으며, 당신이 태어나던 순간에 위치한 12개의 별자리와 10개의 별들이 서로 맺고 있는 각도 및 위치가 당신의 삶에 영향을 미치게 됩니다.

예를 들어 당신이 6월 9일에 태어났다면, 태양이 쌍둥이자리에 위치하므로 쌍둥이자리이며 쌍둥이자리 특성 열 가지 중 대략 여덟 가지를 띠게 될 것입니다. 하지만 감정을 주관하는 달이 양자리에 위치한다면 당신의 감정적인 태도는 양자리의 특성이 나타납니다. 지성을 주관하는 수성이 전갈자리에 있다면 당신의 지적 처리 과정은 종종 전갈자리 특성을 나타내며, 언행을 관장하는 화성이 황소자리에 있다면 당신은 황소자리처럼 느리게 말하는 경향이 있을 것입니다. 또한 금성이 염소자리에 있다면 사랑을 비롯한 예술적이고 창조적인 일에서 염소자리와 같은 태도를 보일 것입니다. 그러나 이런 모든 행성들의 위치로 인한 특성도 태양별자리인 쌍둥이자리의 기본적인 특성을 완전히 없앨 수는 없습니다. 다른 행성들의 위치는 당신이 지닌 복잡한 성격에서 나오는 다양한 모습을 다듬어 주는 역할을 할 뿐이랍니다.

당신을 완벽하게 이해하기 위해서는 다른 요소들도 고려해 보아야 합니다. 먼저 당신이 태어난 시간에 여덟 개의 행성과 두 개의 발광체인 태양과 달이 어떤 각도를 맺고 있는지 살펴보아야 합니다. 그 각도에 따라서 해당 별자리의 영향력이 결정됩니다. 하지만 가장 중요한 것은 당신의 동쪽별자리와 동쪽별자리가 태양과 달 그리고 다른 행성들과 맺고 있는 각도입니다. 동쪽별자리는 상승점ascendant 또는 일출점rising이라고도 하는데 당신이 태어난 순간 동쪽 지평선에 있던 별자리를 의미합니다. 동쪽별자리는 신체적인 겉모습에 상당한 영향을 미치고,(물론 태양별자리도 겉모습에 많은 영향을 줍니다.) 태양별자리가 표현하는 지향성의 토대가 되며 당신의 진정한 내면을 구성합니다. 예를 들어 쌍둥이자리인 당신의 동쪽별자리가 물병자리라면 당신은 상당 부분 물병자리 성향을 띠기 때문에, 쌍둥이자리 특성 중에서 당신에게 있을 법한 특이한 성격이나 은밀한 욕망이 잘 드러나지 않는 이유가 궁금해질 것입니다. 모든 출생차트에서 태양별자리 다음으로 중요한 두 가지 요소는 바로 동쪽별자리와 달별자리입니다.

동쪽별자리를 알고 나서 태양별자리와 함께 차트를 해석하면 매우 흥미로운 사실을 깨닫게 됩니다. 바로 자신의 전체적인 성격에 대해 놀라울 정도로 정확하게 설명할 수 있다는 사실입니다. 여기에 세 번째 요소인 달별자리까지 고려해서 해석하면 당신의 성격에 대해 훨씬 더 정교한 그림을 얻게 됩니다.

다음으로 각 영역의 별자리도 고려해야 합니다. 영역은 출생차트에서 수학적으로 계산된 위치로, 당신의 다양한 삶의 분야에 영향을 미칩니다. 모두 열두 개가 있으며 각 영역마다 하나의 별자리가 할당됩니다. 첫 번째 영역은 항상 동쪽별자리의 지배를 받고, 나머지 열한 개는 시계 반대 방향으로 순서대로 위치하면서 열두 별자리를 완성합니다. 천문해석가는 당신이 태어난 정확한 시간과 장소에 근거하여 출생차트를 뽑고, 열두 개 영역에 해당하는 각 별자리들의 의미를 해석하고, 또한 각 영역에 들어가 있는 행성들의 의미를 고려합니다. 앞서 설명한 모든 요소들을 섞어서 당신의 성격, 잠재력, 그리고 과거의 과오와 미래의 가능성을 분석하는 것이 바로 종합적인 천문해석 기술입니다. 이것이 바로 천문해석가들의 시간과 노력 그리고 지식이 필요한 부분입니다. 차트를 계산하는 것 자체는 특정 수학 공식만 적용하면 상대적으로 간단하게 끝나는 일입니다.(최근에는 태어난 날짜, 시간, 장소를 입력하면 간편하게 출생차트를 볼 수 있는 별자리 프로그램이 다양하게 개발되어 있습니다.-역자)

하지만 우리는 결국 이 책에서 주로 다루는 태양별자리 이야기로 돌아갈 수밖에 없습니다. 어떤 면에서는 당신이 쌍둥이자리라고 하는 것은 당신이 뉴욕 출신이라고 말하는 것과 같은 맥락이라고 할 수 있는데 이것이 지나친 일반화는 아니기 때문입니다. 당신의 별자리를 알아내는 일보다 뉴욕 어느 바에서 텍사스 출신을 찾거나 텍사스 어느 식당에서 뉴요커를 찾아내는 일이 더 쉽지 않을까요? 조지 왕조 시대*의 정치가와 시카고 산업

---

* 조지 왕조 시대(Georgian era, 1714~1830) : 조지1세~조지4세가 재위했던 영국의 중기와 후기 르네상스 시대.

시대의 사업가 사이에는 상당한 차이가 있지 않을까요? 당연히 매우 분명한 차이가 있습니다.

당신이 텍사스 출신이며 업무상 회의에 곧 참석할 어떤 사람에 대해 얘기하는 중이라고 가정해 봅시다. 누군가 "그 사람 뉴요커야."라고 말하면 즉각적으로 어떤 이미지가 떠오를 것입니다. 텍사스 사람보다는 말이 빠르고 짧을 것이며, 인간 관계에서도 텍사스 사람보다는 덜 따뜻할 것이고, 인사치레 없이 곧바로 사업 이야기로 들어갈 것입니다. 또한 서둘러 계약서에 서명하고 바로 동부로 날아가는 비행기에 몸을 실을지도 모릅니다. 섬세한 구석이 있을 것이고, 정치적인 면에서는 텍사스 사람보다 더 자유분방할 것입니다. 그렇다면 왜 이러한 순간적인 인상이 상당히 맞아떨어지는 것일까요? 왜냐하면 뉴욕 사람들은 빠르게 돌아가는 도시에 살고 있기 때문에 느리게 행동했다가는 지하철에서 자리도 못 잡고 비 오는 날 택시도 못 잡기 때문이지요. 어쩌면 계속해서 어깨나 팔꿈치를 문질러 대는 통에 품위 없어 보일 수도 있으며, 최신 연극도 보고 최고의 박물관에도 가 봤을 테니 당연히 취향이 세련될 것입니다. 높은 범죄율과 복잡한 도시 생활로 인해 텍사스 사람만큼 가까운 이웃들에게 따뜻한 관심을 가질 리가 없으니 그의 성격이 다소 냉랭할 거라고 추측할 수 있습니다.

물론 뉴요커 중에 느리게 말하는 황소자리도 있고 천천히 움직이는 염소자리도 있겠지만, 텍사스에 사는 황소자리나 염소자리처럼 느리지는 않을 것입니다. 그렇지 않을까요? 또는 아무리 빨리 말하고 행동하는 쌍둥이자리라 할지라도 텍사스에 사는 쌍둥이자리가 뉴욕에 사는 쌍둥이자리만큼 빠르지는 않을 것입니다. 모든 것이 상대적이랍니다.

자, 그럼 그 사람이 뉴욕에 산다고 칩시다. 그리고 이제 이탈리아 출신이라는 사실도 알아냈다고 가정해 봅시다. 다른 이미지가 그려집니다. 여기에 그가 텔레비전 방송작가라고 한다면 또다른 이미지가 떠오릅니다. 게다가 결혼했고 자녀가 여섯 명이라고 하면 이젠 완전히 새로운 그림이 나타납니다. 그러므로 (비록 이것이 유추이고 모든 유추가 불완전하기는 하지만) 그가 뉴요커라고 말하는 것은 그가 쌍둥이자리라고 말하는 것과 유사하고, 다른 정보들은 그의 달별자리가 처녀자리이고 동쪽별자리가 전갈자리라는 것과 상응합니다. 하지만 추가 정보 없이 그가 뉴욕에 산다는 사실 하나만으로도, 그가 어느 도시 출신인지 모를 때보다는 훨씬 나은 상황에 있는 것이지요. 같은 방식으로 출생차트 없이 어떤 사람이 쌍둥이자리인지 사자자리인지 아는 것만으로도 불같은 성격의 사수자리를 대하고 있는지 현실적인 황소자리를 대하고 있는지 전혀 모를 때보다는 그 사람에 대해 많은 정보를 갖고 있는 셈입니다.

상세한 출생차트는 사람의 성격에 대해 보다 자세한 내용을 명확하게 드러내 줍니다. 출생차트를 보면 그의 삶 속에 녹아 있는 약물 중독, 자유분방한 성행위, 불감증, 동성애, 일부다처제, 정서장애, 가족으로부터의 소외, 또는 가족에 대한 집착, 숨겨진 재능, 경력 또는 부자가 될 수 있는 잠재성 등에 대해 두드러진 경향을 알 수 있습니다. 또한 정직과 부정직, 잔인함, 폭력, 두려움, 공포와 정신적 능력에 대한 경향도 분명하게 보여 줍니다. 이와 더불어 인생의 시기에 따라 일시적으로 두드러지는 성향도 잘 보여 줍니다. 뿐만 아니라 사고나 질병에 대한 민감함이나 면역력도 나타나고, 알코올, 섹스,

일, 종교, 자녀, 로맨스 등에 대한 숨겨진 태도 또한 드러나는 등 그 리스트는 무궁무진합니다. 정확하게 계산된 출생차트에 비밀이란 있을 수 없습니다. 개인의 자유의지가 경험하고자 하는 본인의 결정을 제외하고는 말이지요.

그러나 이렇게 완벽하게 분석하지 않더라도 누구나 태양별자리에 대한 이해만으로도 얻는 지식이 있으며, 태양별자리에 대한 지식은 우리가 서로에게 보다 더 관대할 수 있도록 해 줍니다. 상대방의 태도가 인간의 본성에 얼마나 깊이 뿌리 내리고 있는지 이해하고 나면, 당신은 그들의 행동에 대해 보다 더 동정심을 느끼게 됩니다. 태양별자리를 알고 나면, 냉정하고 균형 잡힌 전갈자리 부모가 보기에 불안하고 안절부절못하는 쌍둥이자리 아이가 실제로는 민첩하고 영리한 아이라는 사실을 깨닫고 인내심을 갖게 됩니다. 외향적인 학생은 내성적인 교사를 이해하게 되며 외향적인 교사는 내성적인 학생을 이해하게 됩니다. 처녀자리가 모든 머리카락을 한 올 한 올 가지런히 정리해야 하고 문제들을 철저히 조사하며 해결하기 위해 태어났다는 점을 이해하면 그들의 까다로움도 참을 수 있게 됩니다. 너무 바빠서 감사할 이유를 찾지 못하고 어디로 가고 있는지 알아채지 못하며 남의 발을 밟고 서 있어도 알아차리지 못하는 사수자리의 경솔함은 말할 것도 없습니다. 사수자리가 어떤 희생을 치르더라도 진실을 말할 수밖에 없는 사람이라는 사실을 알게 되면 그들의 솔직함에 상처를 덜 받게 됩니다.

염소자리 친구가 당신이 건넨 선물에 일언반구의 감탄사도 내뱉지 않아도 당신은 심하게 상처받지 않을 것입니다. 염소자리는 마음속으로 깊이 고마워해도 그 기쁨을 공개적으로 표현할 줄 모르는 사람들이라는 것을 알고 있으니까요. 염소자리가 타인에게뿐 아니라 스스로에게도 엄격한 원칙을 들이대는 사람들이라는 것을 알면, 의무를 강조하는 그들의 고집 때문에 덜 속상해하게 됩니다. 천칭자리의 끝없는 논쟁과 우유부단함도 단지 공정하고 공평한 결정을 내리기 위해 애쓰는 그들 태양별자리의 특징이라는 것을 알고 나면 보다 더 참을 만합니다. 물병자리가 당신의 사생활을 캐려고 할 때도 그들이 인간의 내적 동기를 조사해 보고 싶은 충동을 주체

할 수 없는 사람이라는 점을 떠올려 보면 그다지 무례하다는 생각은 들지 않을 것입니다.

아주 간혹, 태양별자리는 사자자리인데 행성 대여섯 개가 물고기자리인 사람도 있습니다. 물고기자리의 영향으로 인해 사자자리 특성이 매우 억제되므로 도무지 그의 태양별자리를 추측하기 어려울 수도 있습니다. 하지만 이런 경우는 아주 드물며, 당신이 열두 개 별자리 특성을 모두 잘 알고 있다면 그 사람은 자신의 진정한 본성을 영원히 감출 수 없을 것입니다. 물고기가 아무리 사자를 숨기려고 해도 사자자리 태양별자리는 절대로 완전하게 가려질 수 없으며, 당신은 그 사람이 부지불식간에 드러내는 사자자리 특성을 잡아 낼 수 있을 것입니다.

태양별자리를 파악하려고 할 때 표면만을 대충 보고 판단하는 실수를 절대로 범해서는 안 됩니다. 염소자리라고 해서 모두 온순한 것은 아니고, 사자자리라고 해서 모두 외견상으로 타인을 지배하려고 하지도 않을 뿐더러 처녀자리라고 해서 모두 처녀는 아닙니다. 가끔 예금 통장을 여러 개 가지고 있는 양자리도 있고, 조용한 쌍둥이자리도 있으며, 심지어 실용적인 물고기자리도 있습니다. 당신의 눈을 사로잡는 한두 가지 특징 그 이상을 보아야 합니다. 화려하게 치장한 염소자리가 사교계 명사들의 인명록을 힐끔거리는 순간을 포착해야 하고, 수줍은 사자자리가 자신의 허영심이 무시당했을 때 입을 삐죽거리는 모습도 볼 수 있어야 합니다. 드물게는 경박한 처녀자리가 단지 싸다는 이유만으로 살충제를 한 상자나 사는 장면도 목격하게 될 것입니다. 조용한 쌍둥이자리여서 말은 빠르지 않을 수 있지만 머리는 제트기 같은 속도로 회전하고 있을 수도 있고, 예외적으로 검소한 양자리라도 은행에 갈 때는 선홍색 코트를 입고 불친절한 은행원에게 말대꾸를 할 수도 있습니다. 그리고 아무리 실용적인 물고기자리라도 시를 쓰거나 추수감사절 때마다 여섯 명의 고아를 초대하기도 할 것입니다. 눈을 크게 뜨고 잘 보면 어떤 별자리도 자신을 온전히 감출 수 없습니다. 심지어 애완동물도 태양별자리의 특징을 여과 없이 보여 준답니다. 처녀자리 고양이의 밥그릇을 낯선 곳에 옮겨 놓거나 사자자리 강아지를 무시하는 일이 없기를 바랍니다.

유명 인사나 정치인, 문학 작품 속의 주인공들을 대

상으로 별자리를 맞혀 보는 것도 재미있습니다. 그들의 별자리가 무엇인지 추측해 보거나 그들이 어떤 별자리 특징을 대변하고 있는지 짐작해 보세요. 이런 작업을 통해 당신의 천문해석학적인 재치는 더욱 예리해질 것입니다. 만화책의 주인공들도 시도해 볼 만한 대상들입니다. 찰리 브라운은 분명히 천칭자리일 것이며, 루시의 경우에는 동쪽별자리는 양자리이고 달별자리는 처녀자리에 태양별자리가 사수자리일 확률이 높습니다. 스누피는 누가 봐도 물병자리 개입니다. 희한한 스카프를 두르는가 하면 제1차 세계대전 당시의 비행기 조종사 헬멧을 쓰고 개집 위에서 붉은 남작*에 대한 상상의 나래를 펼치고 있는 걸 보면 틀림없습니다.(또한 해왕성과 충돌 각도를 맺고 있을 것입니다.) 이런 식으로 직접 누군가의 별자리를 생각해 보면 그 재미가 제법 쏠쏠합니다. 하지만 이보다 더 중요한 것은 태양별자리 맞히기 게임을 할 때 매우 진지하고도 유용한 것을 배우게 된다는 점입니다. 사람

---

* 붉은 남작(Red Baron): 제1차 세계대전 당시 전투기 80여 대를 격추한 독일 공군의 에이스 리히트호펜(Richthofen, 1892~1918)의 닉네임이다.

들의 숨겨진 꿈과 비밀스러운 소망과 참된 성격을 어떻게 인식할 것이며, 그들을 좋아하는 법과 그들이 당신을 좋아하게 만드는 법 그리고 당신이 알고 있는 그들을 제대로 이해하는 법을 터득하게 될 것입니다. 당신이 그들 마음속에 숨어 있는 무지개를 찾아 나설 때, 세상이 더 행복해지고 사람들이 더 멋져 보이게 됩니다.

인생에서 가장 중요한 부분은 타인을 제대로 이해하는 것 아닐까요? 링컨 대통령이 이런 점에 대해 아주 간단하고 명백하게 말한 적이 있습니다.

"문명의 가장 중요한 기능은 서로 익숙하지 않은 사람들 사이에서 의도하지 않은 적대 관계로 인해 발생하는 크고 작은 인간의 사악함을, 국가적으로 또는 개인적으로 바로잡는 것이다."

지금 당장 태양별자리 공부를 시작하고 터득한 내용을 신중하게 적용해 보세요. 당신이 사람들 본연의 모습을 하나씩 벗겨 낼 때마다 사람들은 당신에게 어떻게 그런 새로운 통찰력이 생겼는지 궁금해할 것입니다. 실제로 열두 개 태양별자리를 이해하는 것만으로도 당신의 삶을 바꿀 수 있습니다. 당신은 지금 단 한 번도 마주친 적이 없는 미지의 사람들을 이해하기 위한 여정을 시작하려고 합니다. 하지만 머지않아 당신은 친구들은 물론이고 낯선 이들도 더 가깝게 느끼게 될 것입니다. 정말로 멋진 일 아닌가요?

당신을 알게 되어 행복합니다.

린다 굿맨

사자자리

Leo, the Lion

7월 24일부터 8월 23일까지

지배행성 - **태양**

여왕은 화가 나서 얼굴이 빨개졌다.
그리고 잠시 사나운 짐승처럼 앨리스를 노려보다 소리쳤다.
"저 애의 목을 쳐라!"

이건 바닷가재의 목소리. 큰 목소리로 말하죠.
"날 갈색으로 너무 바싹 구웠어.
내 머리에 흰 설탕을 뿌려야겠어."

사자자리를 알아보는 방법

♌

마음씨가 좋게 생긴 것 같았다.
하지만 엄청나게 긴 발톱과 날카로운 이빨이 많이 보여서
앨리스는 고양이에게 정중하게 대해야겠다고 마음먹었다.

최근에 누군가가 당신에게 "당신의 호의 같은 건 필요
없어요."라고 말하면서 동시에 너무나도 매력적인 미소
를 띠고 있어서 황홀했던 적이 있나요? 그렇다면 당신
은 큰 고양이를 만난 겁니다. 걱정하지 마세요. 곧 황홀
함에서 빠져나오게 될 테니까요. 그런데 여기저기 얼룩
덜룩한 반점은 뭐냐고요? 사자자리가 도도한 자긍심을
드러내면서 동시에 유쾌하고 발랄한 장난기를 발동하는

것은 드문 일이 아니지요. 덕분에 그는 정적으로부터 암살당할 일이 별로 없답니다.

사자는 온갖 짐승들의 제왕입니다. 사자자리 역시 당신을 포함해서 주변의 모든 사람들을 지배합니다.(네네. 실제로는 그렇지 않다는 것을 알고 있습니다. 하지만 사자자리한테는 말하지 마세요. 대범하고 따뜻하지만 자부심이 강한 사자자리가 상처를 받을 수도 있으니까요.) 사자자리는 즐겁게 해 주는 것이 가장 좋습니다. 그러면 당신에게 으르렁거리며 겁주기보다는 가르랑거리며 만족스러워합니다. 사자자리는 사교활동에 열성을 보이거나 또는 늘어지게 하품을 하면서 게으름 피우거나, 이 두 가지 모습을 번갈아 보여 줍니다. 이 맹수를 연구해 보고 싶다면 시내에서 가장 환하고 신나는 장소를 찾아가 보세요. 당신 눈에 띄는, 인생을 신나게 살아가는 사람들 태반이 사자자리일 것입니다. 사자자리는 어둠과 지루함을 똑같이 싫어합니다.

수줍어서 얼굴을 쉽게 붉히는 사람을, 자존심이나 자부심으로 얼굴이 상기되어 있는 것으로 오인하는 일이 없도록 조심하세요. 얼굴을 붉히는 것과 얼굴이 상기

되는 것은 생각보다 큰 차이가 있습니다. 사자자리는 춤을 너무 열심히 춰서 얼굴에 홍조를 띨지도 모릅니다. 또는 연모하는 사람과 방금 마주쳐서 뺨이 발그스레할 수도 있습니다. 하지만 사자자리의 환한 얼굴빛은 내성적이어서 부끄러움 타는 것이 아닙니다. 내성적인 사자자리는 없답니다. 내성적인 척하는 사자자리가 있을 뿐입니다. 꼭 기억하세요. 자기를 지배하는 태양의 조도를 낮춰 놓고, 강하고 위엄 있으며 결단력 있는 모습을 소리 없이 감추고 있는 사자자리가 꽤 있으니까요. 부드럽게 가르랑거리는 모습에 속지 말아야 합니다. 부드러운 사자자리도 친구나 가족을 지배하려는 열망이 다른 사자자리와 마찬가지로 강렬하기 때문에, 커튼 뒤에 숨어 무대로 등장할 기회를 늘 엿보고 있습니다. 제 말이 믿기지 않으면 내성적인 척하는 조용한 사자자리를 한 명 골라서 자존심을 건드려 보세요. 그가 당연히 자기 소유라고 믿는 것을 빼앗거나, 그에게 명령을 내리거나, 또는 완전히 무시해 보세요. 그 부드럽던 고양이가 으르렁거리는 소리가 멀리 동물원까지 들릴 것입니다. 사자자리가 왕으로서 자기 권리와 위엄을 지키려고 할 때, 어지간한 용기가 없다면 맞서기 힘들지요. 어떤 사자자리는 나이가 들면서 다소 유연해지기도 하지만, 자존심이 강해서 절대로 고개를 숙이지는 않습니다. 절대로요.

사자자리의 신체적인 특징이 궁금하다면 주변에서 사자를 닮은 사람들을 찾아보시기 바랍니다. 얼굴 뒤로는 머리카락이 풍성하게 흘러내리고, 믿을 수 없을 정도로 여유로운 표정을 짓고 있는 사람들입니다. 사자는 몸을 곧추 세우고 당당한 자세로 고양이처럼 미끄러지듯이 걷습니다. 여성의 경우에는 나긋나긋한 우아함 속에 무시무시한 강렬함을 숨기고 있습니다. 그런 강렬함을 대개는 부드럽고 차분한 모습으로 위장하고 있을 것입니다. 하지만 암사자도 위협을 느끼면 항상 공격할 준비가 되어 있다는 점을 기억하기 바랍니다.

사자는 자기 발아래에 있는 미물들을 내려다볼 때에 더할 나위 없이 위풍당당합니다. 사자자리는 일반적으로 천천히 움직이는 편입니다. 달별자리나 동쪽별자리가 양자리나 쌍둥이자리가 아니라면 말을 빠르게 하지도 않고, 달리지도 않고, 심지어 빠르게 걷지도 않습니다. 어떤 집단이든 사자자리를 오랫동안 무시할 수는 없을 것입니다. 사자자리는 아주 극적인 발언이나 행동으로 무대 한가운데를 차지하거나, 또는 화분 뒤에 시무룩하게 앉아 있어 누군가가 달려와 무슨 일이 있냐고 물어보게 만들 테니까요. 사자자리는 눈동자가 푸른색을 띠고 있는 경우가 많지만 다수의 사자자리, 특히 여성은 진한 갈색을 띠는 경우가 많습니다. 처음에는 부드러운 눈빛을 하고 있다가 갑자기 폭발해서는 이글이글 타오르지요. 동그란 눈이 많고, 눈초리가 약간 처진 경우도 있습니다. 머리카락은 어두운 색이나 약간 붉은 빛을 띠는 금발에 곱슬머리가 많습니다. 야생의 바람에 방치해 둔 듯한 무신경한 스타일로, 거칠어 보이는 머리카락이 위쪽과 옆쪽으로 솟구쳐 있는가 하면, 아래쪽으로는 윤이 나는 머리카락이 쭉쭉 뻗어 있어 극과 극을 달립니다. 피부는 눈에 띄게 붉은 편입니다.

사자자리가 사람들에게 이상한 영향을 미치는 모습을 보면 정말 재미있습니다. 사자자리 앞에서는 저절로 허리를 쭉 펴고 배를 집어넣고 가슴을 내밀고 서게 됩니다. 우리 같은 평민들이 사자의 근엄한 자세를 모방하기 위해 이런 자세를 취하는지, 아니면 고매한 사자의 말씀을 듣기 위해 격식을 차리는지 잘 이해할 수 없습니다. 사자자리는 사람들에게 무료로 충고해 주는 것을 무척 좋아하거든요. 인생을 어떻게 살아가야 하는지에 대해, 약간 거만하게 잘난 체하면서 설교하는 버릇이 있습니다.

사자자리는 남을 가르치는 것을 좋아하기 때문에, 교육자나 정치가 또는 정신과 의사가 되는 경우가 많습니다. 신기하게도 실제로 사자자리에게는 상황을 정확하게 파악하고 사람들의 인생 문제를 해결해 주는 재주가 있습니다. 사자자리가 자기의 문제만큼은 그렇게 능숙하게 처리하지 못한다는 것이 아쉽기는 합니다. 하지만 사자자리가 사람들에게 그렇게 사랑받는 것도 이런 이유 때문입니다. 우월 의식과 탁월한 능력을 솔직하게 드러내는 모습이, 투명한 유리처럼 상처받기 쉬운 자존심과 미묘하게 섞여 있습니다. 자존심 세고 근엄한 사자가 상처를 잘 받는다고요? 네. 실제로 그렇습니다. 자기의 지혜와 관대함을 사람들이 존중해 주지 않으면 깊이 상처를 받습니다. 사자자리를 누그러트리려면 아첨을 하면 됩니다. 백발백중 그는 으르렁거리는 야수에서 수줍어하는 온순한 고양이로 변해, 칭찬을 날개 삼아 날아다닐 것입니다. 이런 약점이 심각하게 두드러지는 사자자리 독재자가 있다면 큰 낭패를 볼 수도 있습니다. 사자자리의 허영심은 그의 아킬레스건입니다. 누군가가 아첨을 하면 금세 마음이 녹아 버리지만, 존중해 주지 않으면 분노로 눈이 멀어 버리죠. 이렇게 두 극단 사이를 오가다 보면 균형 잡힌 판단을 내릴 수가 없습니다. 심지어 이와 같은 극단적인 성향을 잘 통제하는 사자자리조차도 완전히 극복하지는 못합니다. 정도의 차이가 있을 뿐이지요.

가끔 이런 성향을 시험해 보세요. 사자자리 친구가 언제나처럼 일장 연설을 하고 있을 때, 조심스럽게 "그 스웨터를 입으니까 너무 근사해 보인다."라고 말해 보세요. 근엄하던 태도는 온데간데없이 사라지고 마치 어린 사자처럼 얼굴을 붉히면서, "정말? 진짜로 그래 보여?"라고 반응할 것입니다. 어렵지 않지요. 주로 지적인 능력에 대해 경의를 표하거나 외모를 칭찬해 주면 됩니다.

사자자리가 이따금 우월감에 젖어서 극적인 행동을 하는 것은 자기도 어쩔 수가 없습니다. 제 딸아이 선생님 중에 사자자리가 한 분 있었습니다. 어느 날 아이가 학교에서 돌아와서는, "엄마, 우리 선생님은 정말 웃겨. 아는 것도 많은 똑똑한 분인데, 가끔 교실을 뛰어다니고 팔을 막 흔들면서 '나는 멍청이들에게 포위당했다!' 하고 소리를 지르시지 뭐야. 선생님이 그러실 때마다 우리는 키득키득 웃어. 그런 뜻이 아니라는 걸 아니까." 불쌍한 사자입니다. 심지어 아이들도 사자자리의 이빨이 실제로는 으르렁거리는 소리만큼 위협적이지 않다는 것을 알고 있습니다. 물론 예를 들어, 화성이나 수성에 충돌 요소가 있고, 동쪽별자리가 전갈자리인 사자자리에게 물리면 치명적이라는 사실 정도는 참고로 알아 두시는 것이 좋습니다. 하지만 지금은 전형적인 사자자리에 대한 이야기를 해 보죠.

사자자리는 여러 가지 면에서 매우 약삭빠릅니다. 양자리처럼 마른 우물에서 물을 얻겠다고 힘을 낭비하는 일이 좀처럼 없기 때문에, 사자자리는 뛰어난 조직력으로 사람들에게 업무를 현명하게 배정합니다. 과장된 말투만 조금 자제한다면, 놀랄 만큼 효과적인 지시를 내릴 수 있습니다. 그는 단순하고 직설적인 화법의 고수가 될 수 있답니다. 사자자리는 관대하고 열린 마음으로 찬성 의사를 표하고, 민망할 정도로 과장해서 칭찬합니다. 불쾌할 때에는 전혀 거리낌 없이 불평하기도 합니다. 사자자리의 말은 언제나 진심인 경우가 많습니다. 그것이 사람들에게 위안을 주든 상처를 주든, 어쨌거나 깊은 인상을 남기죠.

사자자리 남성이나 여성이 파티를 주관할 때에는 제왕다운 화려함을 자랑합니다. 마치 궁전에 초대받은 것 같습니다. 금방이라도 문 밖에 마차가 도착하고 마리 앙투아네트가 등장하거나, 아니면 최소한 넬 귄*이나 마담 뒤 바리**라도 등장할 것만 같습니다. 사자자리는 훌륭한 음식과 고급스러운 와인, 아름다운 여인과 부드러운 음악으로 손님들을 즐겁게 해 줍니다. 제가 아는 지인 중에 처녀자리 성향이 강한 사자자리가 있는데, 파티를 열면 항상 허브를 뿌린 오이와 파슬리, 맥아도 내놓긴 했지만, 다른 음식들은 모두 고급스러운 사자자리 음식이었고, 늘 우아한 여성들이 손님으로 와 있었습니다. 정말

* 넬 귄(Nell Gwyn, 1650~1687): 영국의 배우로서 찰스 2세의 정부.
** 마담 뒤 바리(Madame Du Barry, 1743~1793): 루이 15세의 정부.

아름다운 파티였습니다. 루이 14세도 그렇게 멋진 파티는 열지 못했을 것입니다.

　이제 로맨스 이야기를 시작해 볼까요? 사자자리를 언급할 때에는 연애 이야기가 빠질 수 없죠. 주위를 둘러보면 사자자리 중에는 싱글이 별로 없을 것입니다. 설령 아직 결혼하지 않은 사자자리를 만나더라도, 몰래 그의 옷장을 살펴보기 전에는 싱글이라고 단정짓지 않는 것이 좋습니다. 사자자리는 자기의 영토에 연인을 숨겨두는 경우가 많기 때문이지요. 처음 만났을 때에는 그 사자자리가 결혼하지 않은 상태였더라도, 곧 사랑에 빠질 것입니다. 아니면 최근에 이별을 겪어서 한없이 애처롭고 허탈한 상태일 수도 있죠. 불같은 자존심 때문에 연애나 결혼에 실패하기도 합니다. 사자자리는 사랑하는 사람이나 배우자가 그의 자존심을 짓밟으면 사납고 거칠어집니다. 하지만 필요하다면 어느 누구보다도 금욕적인 품위를 지키거나, 우울한 상황에서도 완벽한 신념과 낙천성으로 적응할 수 있는 사람이 바로 사자자리랍니다.

　사자자리는 용서와 동정심이 마음 한 구석을 차지

하고 있기 때문에, 일단 분노한 자존심이 폭죽처럼 터지고 나면 허탈해져서 감정적인 화해를 시도합니다. 그에게 화해는 불화만큼 빈번하게 일어납니다. 그의 격렬한 열정은 이성뿐 아니라 삶 자체를 향해서도 끊임없이 타오르고 있습니다. 사자에게나 고양이에게나, 사랑 없는 삶은 팥소 없는 찐빵과 같습니다. 사랑이 죽으면 사자자리를 비추던 태양도 그 빛을 거둔답니다.

사자자리는 남녀 모두 절대로 남에게 의지하는 법이 없습니다. 그보다는 사람들이 자기에게 기대어 오는 것을 좋아합니다. 이들은 약자를 보면 강한 책임감을 느낍니다. 사자자리는 때로 과장된 몸짓으로, 모든 사람들이 자기에게 의지하고 있어서 어쩔 수 없이 자기가 모든 짐을 떠맡게 되었다고 투덜거리지만, 그런 불평에는 귀기울일 필요가 없습니다. 사실 사자자리 본인은 그 상황을 즐기고 있기 때문입니다. 그의 짐을 덜어 주거나 그를 도와주려고 해 보세요. 사자자리는 당장 거절할 것입니다. 특히 경제적인 지원은 절대로 받지 않으려고 합니다. 비록 자주 빈털터리 신세가 되기도 하지만, 그럴 때마다 사자자리는 항상 머지않아 다시 돈 벌 방법을 찾을 거라고 확신하고 있답니다. 돈과 관련해서 조심스러운 사자자리는 거의 없습니다. 어린 시절에 채권 추심 업자를 보고 겁먹은 적이 있어서 빚을 지면 당장 감옥에 가야 하는 것처럼 행동하는 사자자리가 있을 수도 있지만, 전형적인 사자자리라면 뼛속 깊이 화려한 도박사의 피가 흐르고 있어서 아무 때나 미친 듯이 돈을 쓰기도 합니다. 동전 한 푼도 아껴 쓰는 사자자리가 아주 드물게 있기는 하지만, 그런 이들도 다른 사자자리처럼 값비싼 옷을 입고 항상 근사한 모습으로 나타날 것입니다. 사자자리는 비행기도 퍼스트 클래스만 타려고 하고, 온갖 호화로움을 추구하며 즐거움을 위해서라면 돈을 아낌없이 쓸 것입니다. 사자자리는 거의 누구에게나 돈을 줄 것입니다. 누군가가 자기에게 돈을 빌려 달라고 했는데 본인에게 여유가 없으면, 제왕인 자신이 남을 도와줄 능력이 없다는 사실을 인정하기 전에, 다른 사람에게 돈을 빌려서라도 줄 것입니다. 하지만 이런 방법은 최후의 수단입니다. 사자자리는 남에게 돈이나 조언, 격려 등을 구하는 입장에 내몰리면 굴욕을 느끼기 때문입니다. 사자자리는 스스로 자기를 격려할 만큼 자부심이 있고, 스스로 돈을 벌 수 있을 만큼 똑똑합니다. 또한 조언을 구한다면 윗사람한테나 가능할 텐데 누가 사자보다 위에 있을 수 있겠어요?

사자자리는 종종 고열에 시달리기 때문에 갑작스러운 사고를 당하거나 질병에 걸리기 쉽지만, 만성 질병에 대해서는 대체로 면역력이 강한 편입니다. 사자자리는 무엇이든 하다가 마는 경우가 드물기 때문에, 놀라운 생명력을 발산하거나 아니면 아예 세상을 살아갈 열의를 보이지 않습니다. 후자의 경우는 사람들이 자기에게 감사를 잘 표하지 않거나 그가 애정에 굶주렸을 때 보이는 전형적인 반응입니다. 사자자리는 심장이 매우 튼튼하면서도 심장 부위에 약점이 있습니다. 등이나 어깨 통증, 척추 질환, 다리나 발목 부상, 생식기관과 관련된 질병, 그리고 목의 통증으로 고생할 수 있습니다. 하지만 사자자리는 질병으로부터 회복이 빠른 편이고, 오히려 이들이 지닌 주된 위험 요소는 질병에 대한 부주의나 질병에 걸렸을 때 너무 빨리 병상에서 일어나는 경향입니다. 처음에는 침대에 누워 간호를 받는 것이 사자자리의 허영심을 만족시켜 주지만, 곧 자신이 강자가 아니라 약자의 역할을 하고 있음을 깨달으면 무기력한 기분에 빠질 것입니다.

태양이 지배하는 사자자리에게 중간이란 없습니다. 사자자리는 심하게 경솔하고 엉성하거나, 아니면 꼼꼼하고 질서정연합니다. 다른 사람들 일에 관심이 많은 편이라서, 주변에서 자기가 모르는 일이 일어나고 있으면 소외감을 느낍니다. 사자자리는 유지하는 성향을 가지고 있습니다. 누군가가 이들을 정해진 길에서 벗어나게 하기는 매우 어렵지만, 정작 이들은 설득력 있는 화술로 사람들을 움직입니다. 사자자리는 부드러운 깃털 쿠션이 놓인 번쩍거리는 왕좌에 일단 자리 잡고 나면, 다른 사람들에게 나누어 줄 재물을 축적합니다. 이들은 증기 기관차처럼 열정적인 에너지를 보여 주다가도 고양이처럼 게을러져서 햇살 아래에서 기지개를 켜거나 낮잠을 자기도 합니다. 사자자리가 일을 할 때에는 정말로 열심히 합니다. 놀 때에도 정말 잘 놀고, 쉴 때에도 마찬가지입니다. 대부분의 사자자리는 골치 아프거나 재미없는 일을 남에게 위임하는 데에 놀라운 천재성을 발휘합니다. 그 동안 자기는 누가 대통령이 되어야 하고 어떻게 전쟁에서 이길 것인가 하는 등의 중요한 사안에 관심을 기울이지요.

하지만 정말로 위급한 상황이 사자자리의 튼튼한 어깨 위에 떨어지면, 그는 기꺼이 그 짐을 지고는 힘없는 사람들을 돕고, 두려워하는 사람들을 보호해 주며 (속으로는 두 배나 두렵더라도) 의지가 꺾인 사람들을 격려하고 용감하게 자기의 의무를 다하려고 노력합니다. 이러한 성품은 사자자리의 타고난 기질입니다. 화려한 넥타이를 매던 플레이보이 시절이 끝나고 나면 이 기질들이 빛을 발할 것입니다.

『오즈의 마법사』에 겁쟁이 사자가 나오지요. 그 사자는 품위를 잃은 채 꼬리를 축 늘어뜨리고는 진정한 용기라는 선물을 찾아 세상을 헤매고 다닙니다. 하지만 막상 위기가 닥쳤을 때, 자기가 그 무리에서 가장 용감한 존재라는 것을 깨닫게 되지요. 이것을 기억하시면 됩니다.

사자자리는 지독하게 의리가 강한 친구가 될 수도 있고, 공정하지만 막강한 적이 될 수도 있습니다. 조용하건 화려하건 간에 창의적이고 독창적이며, 무엇보다 강하고 활력이 넘칩니다. 그리고 자기의 다채로운 성격에 걸맞게 늘 화려한 옷을 입습니다. 사자자리의 오만함이나 가끔씩 보이는 밉살스러운 이기심, 우스꽝스러워 보이기까지 하는 허영심과 게으름은 눈감아 주기로 합시다. 사자자리는 자기를 상징하는 금속인 황금처럼 비단결 같은 마음씨를 가지고 있으니까요.

즐거움과 관대함이 흘러넘치는 명랑하고 다정한 사자자리는 지배행성인 태양이 중천에 떠 있을 때에는 황금빛 들판을 활보하고 다닙니다. 그러다가 자신 있게 주사위를 던지면 1(태양의 숫자)과 4(목성의 숫자)가 나오죠. 사자자리는 행운을 위해 토파즈를 몸에 지니고 여기에 지나치게 의미를 부여하기도 하지만, 불운한 일도 용감하게 견딜 수 있는 진정한 내면의 위엄과 우아함을 가지고 있습니다. 태양을 보세요. 따뜻하고 희망찬 노란빛은 해질녘 노을 속에서 주황빛으로 깊어지고, 태양이 잠든 밤에는 수많은 별들로 밝게 빛납니다.

사자자리로 알려진 유명인

나폴레옹 보나파르트Napoléon Bonaparte

매 웨스트Mae West

카를 융Carl Jung

피델 카스트로Fidel Castro

베니토 무솔리니Benito Mussolini

앨프리드 히치콕Alfred Hitchcock

재클린 케네디 오나시스Jacqueline Kennedy Onassis

조지 버나드 쇼George Bernard Shaw

*등소평(덩샤오핑)鄧小平

*버락 오바마Barack Obama

*빌 클린턴Bill Clinton

*앤디 워홀Andy Warhol

*조앤 케이 롤링Joan K. Rowling

*탁신 시나왓Thaksin Shinawatra

*양희은	*유재석
*이경규	*이승엽
*이종범	*차두리

사자자리 남성

♌

"오 사랑이여,
세상을 돌아가게 하는 건 사랑이어라!"

어느 영국 시인이 꽃을 보면서, '숨어서 얼굴을 붉히기
위해 피어났으며 사막의 바람 속에 자신의 향기를 흘려
보낸다.'라고 쓴 시는 분명히 사자자리를 설명하는 것은
아니었을 것입니다. 사자자리 남성은 밝은 햇살 아래서
일광욕을 하거나 화려한 연설을 즐기겠지만, 절대로 고
독한 사막에 있을 사람은 아니니까요. 말할 필요도 없이
그는 무대 위에 있거나 좋아하는 친구와 친척 들 앞에

있을 확률이 훨씬 높지요. 사자자리 남성은 돈은 낭비하지만 매력적인 향기는 낭비할 사람이 아닙니다. 그 사람 주위에는 늘 청중이 있으니까요.

자, 이제 모든 것이 분명해졌습니다. 사자를 사로잡는 비결은 간단합니다. 그의 청중이 되세요. 당신이 제대로만 한다면, 처녀자리나 물병자리 남성과는 달리 사자자리 남성은 달콤한 연애에서 오는 고통도 기꺼이 받아들일 것입니다. 당신이 그를 좋아해 주고, 칭찬해 주고, 존경해 주기만 하면 됩니다.

그 남성이 불꽃처럼 화려한 스타일의 사자자리인가요? 그렇다면 짙은 선글라스를 끼고 그가 뿜어내는 찬란한 햇빛에 몸을 맡기세요. 그가 온화하고 조용한 스타일의 사자자리인가요? 그렇더라도 그의 잘 꾸며진 부드러움에 속지 마세요. 잘못 건드리면 불꽃이 튈 테니까요. 그저 온순한 역할을 하고 있을 뿐이라는 점을 명심하세요. 그가 비록 예의바르고 침착하고 차분해 보이더라도, 그 이면에는 당당한 위엄과 오만한 허영심이라는 불씨가 남아 있어서, 언제라도 불꽃을 피워 올려 자기를 무시하는 어리석고 성가신 여성을 태워 버릴 수 있답니다.

사자자리 남성은 구애할 때에도 신사적이고 정중하게 행동합니다. 또한 당신을 따뜻하게 보호해 주고, 다감하게 애정을 표현합니다. 그를 진지한 관계로 끌어들이기 위해 술수를 많이 쓸 필요는 없습니다. 사람들은 사자자리가 순간적인 열정을 지니고 있다고 말합니다. 그 순간을 잘 포착하면 됩니다. 촛불과 멋진 바이올린 선율이 함께 한다면 더할 나위 없겠지요. 그러면 사랑은 붉은 장미꽃처럼 피어날 것입니다. 준비하기 어렵다면 촛불과 음악은 생략하고, 순간 포착만 잘하면 됩니다. 결과는 같을 테니까요.

사랑을 받지 못하는 사자자리는 몹시 슬퍼하며 시들어 갈 것입니다. 그것도 아주 비참하게 시들어 갑니다. 사자자리는 사람들에게 숭배를 받지 못하느니 차라리 죽는 편이 낫습니다. 말 그대로 이해하시면 됩니다. 사자자리 남성은 연인에게 구애할 때 비용을 공동으로 부담하는 법이 없습니다. 당신을 최고의 레스토랑에 모시고, 향수와 꽃으로 선물 세례를 하며, 근사한 극장에 당신을 자랑스럽게 모셔 가고, 예쁜 러브레터에 리본도 묶을 것입니다. 솔직히 말해서 이런 사자자리 남성의 마음을 거절하려면 강철 심장이 필요하지요.

지금까지는 당신이 제대로 하고 있다고 생각할지 모릅니다. 하지만 다시 생각해 보세요. 사자자리와의 연애에 문제가 전혀 없지는 않을 것입니다. 모든 사람들의 사랑을 듬뿍 받고 있는 응석받이 왕족의 삶을 상상해 보세요. 사자자리는 자기의 우리로 당신을 초대하여 그 넓은 가슴으로 당신을 따뜻하게 해 주겠지만, 어느 날 그 우리는 안락하고 고급스러운 감옥으로 변할 수도 있습니다. 혹시 그 사람에게 질투심이 많으냐고요? 네! 그렇습니다. 당신의 몸과 마음까지 모두 그의 것이 되어야 합니다. 당신이 무엇을 입을지, 머리는 어떻게 빗을지, 어떤 책을 읽을지, 당신에게 어떤 친구가 좋은지, 어떻게 하면 당신이 하루를 더 잘 보낼 수 있을지에 대해 일일이 말해 줄지도 모릅니다. 왜 한 시간이면 돌아온다고 해 놓고서는 두 시간이나 쇼핑을 했는지, 오는 길에 누구를 만났는지, 그 사람이랑 무슨 이야기를 했는지 알고 싶어 합니다. 심지어 당신이 아침에 베이컨을 구우면서 주방 창문 밖을 내다볼 때 무슨 생각을 하고 있었는지 말해 주지 않으면 토라지기까지 합니다. 결국 당신은 다른 남자를 생각하게 될 수도 있습니다. 혹시 그렇더라도 사자자리가 얼마나 충동적인 사람인지 잊어서는 안 됩니다. 당신이 아직 매력적인 여성이라는 것을 증명하기 위해 가끔 다른 남성에게 수작을 거는 식으로 사자자리 남성을 놀리는 행동은 정말 어리석은 짓입니다. 그는 당신이 매력적인 사람이라는 것을 이미 알고 있습니다. 전혀 증명할 필요가 없습니다. 게다가 당신의 사자자리 남성은 당신이 너무 짓궂게 행동하면, 당신 옆에 있던 그 순진한 근육질 친구를 바닥에 때려 눕혀서 최소한 전치 4주의 사건으로 만들 수도 있답니다.

사자자리와의 사랑이 늘 장미 향기처럼 달콤하지만은 않습니다. 조용한 사자자리건 요란스러운 사자자리건, 기본 성향에는 차이가 없습니다. 사자자리 남성과 사랑에 빠진 여성이라면 모두 〈왕과 나〉라는 영화를 잘 분석해 볼 필요가 있습니다. 이 영화의 왕은 전형적인 사자자리이거든요. 여주인공 안나가 어떻게 하는지 잘 보면, 돈을 주고도 배울 수 없는 소중한 힌트를 얻을 수 있습니다. 먼저 그의 관심을 사기 위해 자극적인 도전을 하고, 당신이 그에게 마음을 완전히 빼앗기지 않을 거라는 점을 주지시킨 뒤에, 마지막으로 여성스럽게 순종하는 것입니다. 〈왕과 나〉는 정말로 꼭 보아야 합니다. 잘 때에도 베개 밑에 비디오테이프를 넣어 두기를 바랍니다.

당신은 사자자리가 열정이 넘쳐날 때에는 차분한 이성으로 균형을 맞추고, 그가 문제를 너무 심각하게 바라볼 때는 달래 주어야 합니다. 좀 더 차분한 사자자리라면 보다 수월하게 대처할 수 있겠지만, 별다른 차이는 없습니다. 그가 직원이 자기 말을 듣지 않는다고 으르렁거리고 분노할 때나, 이웃이 자신을 모욕했다면서 입을 내밀고 뾰루퉁할 때나 마찬가지입니다. 사자자리는 그의 비이성적인 자부심에 균형을 맞춰 줄 당신의 안정감을 필요로 합니다. 당신이 이런 안정감을 가진 여인이 아니라면 당신의 사랑은 끊임없는 전투로 점철될 것입니다. 헤어졌다가도 금세 다시 그와 만나는 당신을 보면서 친구들은 놀라워하며 "그 불같은 성미는 어쩌고?"라고 물을 것입니다. 어쩌긴요. 안락한 사자 우리 안에 잘 있지요.

커리어 우먼이 되려고 하지 마세요. 사자자리 남

성은 당신이 밖에 나가서 일하는 것을 결코 탐탁해하지 않을 것입니다. 그 사람 자체가 당신의 커리어입니다. 그는 은행 잔고가 바닥나는 상황이 되어서야 자기 배우자가 용돈 벌이를 위해 밖에 나가는 것을 허락할 테니, 당신에게 직장은 맨 마지막 순위라는 점을 분명히 아셔야 합니다. 남편이 첫째이고, 집이 그 다음이고, 직장은 맨 마지막입니다. 사자자리는 자신이 당신을 두고 다른 남성이나 외부의 다른 관심사들과 경쟁하는 것을 참지 못합니다. 당신이 이런 도전을 받아들일 만큼 용감하다면 나가서 정장용 바지를 사세요. 하지만 스타일이 있어야 합니다. 그는 부활절 퍼레이드를 포함해서 어떤 자리에서건 당신을 자랑하고 싶어 하기 때문입니다. 만약 당신이 여왕처럼 품위 있게 옷을 차려입지 않은 채 사람들 앞에 모습을 드러내면 그는 당황스러워할 것입니다. 교회에서라면 찬송가를 부르는 도중에 사라질지도 모릅니다.

당신이 사자자리 남성과 이미 결혼을 했거나 지금 깊이 사랑에 빠져 있다면, 어떤 장점이 있는지 생각해봅시다. 당신이 사자자리 남편을 중심으로 가정이 돌아가게만 해 준다면 그는 아더 왕처럼 관대하고 선한 사람이 될 것입니다. 자기가 갈구하는 존경을 받을 수 있다면 그는 넓은 아량으로 당신에게 보상해 줄 것입니다. 당신이 얼마나 사랑스러운지 계속 얘기해 주고 생활비도 후하게 줄 것입니다. 그리고 정말 놀라운 것은 자신의 대단한 연애 기질에도 불구하고 한눈팔지 않고 당신에게만 헌신할 것입니다. 사자자리 남성은 결혼하기 전보다는 결혼 후에 당신에게 더 충실할 가능성이 높은데, 그 이유를 말씀드리죠. 사자자리는 일단 자기 왕국을 잘 통치해 줄 암사자를 찾아내면, 더 이상 다른 암사자들을 쫓아다니지 않습니다. 그러기에는 너무 게을러서, 해먹에 누워 여유롭게 낮잠을 즐깁니다. 사자자리 남성은 자녀들과 정답게 놀아 주고, 온갖 위험으로부터 배우자를 보호해 주며, 직장에서 승진을 향한 야망을 보여 주면서 배우자를 기쁘게 해 줄 것입니다.

당신은 사자자리 남편과 더불어 활발한 사교 활동을 주도하게 될 것입니다. 다만 사자의 눈꺼풀이 내려앉을 정도로 너무 늦게까지 있지만 않으면 됩니다. 하지만 남편은 가끔 따로 친구들과 어울리러 나가기도 하고,

갑작스런 도박 충동에 사로잡히거나 때로는 투자하기에 좋은 기회라고 생각해서 이리저리 돈을 굴리기도 할 것입니다. 제가 아는 어떤 사자자리 남성이 한 번은 어떤 유정의 주식을 열 주 샀습니다. 수천 명의 주주들 가운데 아주 적은 지분을 가진 사람임에도 불구하고, 그는 한 달에 두 번씩 땅을 파고 있는 유정 현장을 방문해서 꼼꼼히 살펴보았다고 합니다. 현장에서 일하던 직원이 무슨 일로 왔는지 물어보면 그 사자자리 친구는 "그저 내 유정에 일이 잘 진행되고 있는지 보러 왔다."라고 말했답니다. 현장에 있던 사람들은 당연히 그를 극진하게 모셨지요. 사람들은 그가 임원이라고 착각했었다고 합니다.

사자자리의 모든 행동을 침착하게 받아들이기를 바랍니다. 얻는 것도 있으니까요. 본인은 친구들하고 도박을 하다가 밍크 코트 한 벌 값을 날리거나 경매에서 트럭 두 대 분량이나 되는 갖가지 크기의 골판지 상자를 사느라고 당신이 저축한 돈을 날려 버리기도 하는데, 당신이 겨우 밍크 모자 하나 샀다고 나무랄 수는 없을 테니까요.(결국 그 골판지 상자는 전혀 쓰지 못했습니다. 막상 배달 받고 보니 모든 상자에 '쥐약'이라고 쓰여 있는데다 해골에 가위표까지 그려져 있었거든요.) 사자자리 남편이 경매장 근처에 얼씬도 하지 못하도록 잘 단속해야 합니다. 그는 시기와 대상을 불문하고 누구보다 더 높은 액수를 제시하고 싶은 충동을 가지고 있기 때문입니다. 게다가 사람들과 함께 있을 때면 늘 계산서를 먼저 집어 들고는 유쾌하게 "내가 낼게."라고 하는 사람입니다. 냉장고를 새로 사야 할 돈으로 말이지요. 사자자리는 라스베이거스처럼 돈 많이 쓰는 사람을 알아봐 주는 곳을 집처럼 편안하게 느낍니다.(물론 달별자리나 동쪽별자리가 경제관념이 있는 별자리에 있는 경우는 예외입니다.)

사자자리 남성이 정말로 쓸모 있는 경우가 한 가지 있습니다. 대부분의 사자자리 남성은 거의 맥가이버 수준으로 물건을 잘 고칩니다. 부서진 손잡이나 빡빡한 욕조 수도꼭지, 카세트, 복잡한 스피커 등등 뭐든지 고칠 수 있습니다. 전형적인 사자자리는 고장 난 물건을 보면 가만히 있지 못합니다. 그러고는 고쳐 보려다가 실패하면 불호령을 내리듯이 분노를 담아 그 물건을 세게 내리치는데, 그러면 꿈쩍도 하지 않던 손잡이가 제대로 돌아가고, 수도꼭지에서는 나이아가라 폭포처럼 물이 쏟아집니다. 카세트는 다시 말을 하고, 스피커는 노래를 부르기 시작합니다. 대다수 사자자리 남성은 자동차 엔진도 분해했다가 다시 조립할 수 있고 그 과정에서 옷에 얼룩을 묻히지도 않습니다. 그는 삐걱거리는 문의 경첩을 여러 달 동안 내버려 둔다거나, 고정되지 않아서 이리저리 밀려다니는 카펫을 방치하지 않습니다. 놀랄 만큼 많은 사자자리가 전문가의 도움 없이 가구를 직접 만들거나 집에 방을 하나 새로 만들기도 합니다. 지하실에 별도로 작업실을 갖춘 경우도 많습니다. 바닥에 톱밥이 좀 떨어져 있다고 해도 불평하지 마세요. 본인이 즐거워하거니와 그 덕분에 밤에 놀러 나가지 않고 집에 있으니까요. 일석이조입니다.

사자자리는 파티에서 우스꽝스러운 행동으로 분위기를 띄우기도 하지만, 그렇다고 바보는 아닙니다. 그가 시선을 끌기 위해 어릿광대 가면을 쓰고 있어도, 보는 사람들은 사자가 잠시 '즐겁게 놀자' 모드에 있을 때에 그를 존중하는 것이 좋다는 것을 대체로 알아차립니다. 어떤 모습을 하고 있든 간에, 사자자리 남성의 내면은 마냥 태평하지는 않습니다. 보기보다는 훨씬 단호하고 집요하지요. 그는 자기가 원하는 것을 정확히 알고 있고 대체로 그것을 얻어 냅니다. 또한 얻은 것을 지켜 내는 일도 잘한답니다.

사자자리 남성과 연애하는 동안 그가 당신에게 충실하기를 기대한다면, 그에게 로맨틱한 사랑과 애정을 듬뿍 주세요. 그러지 않으면 사자자리 남성은 사랑과 찬사에 목이 말라서 정글 속을 헤매고 다닐지 모릅니다. 두 사람이 진정으로 사랑하는 깊은 관계라면 그는 당신에게 진실할 것입니다. 그럼에도 불구하고 가끔 한눈을 팔기는 합니다. 그의 눈을 아예 눈가리개로 가려 버리는 것 말고는 사실 당신이 할 수 있는 일이 별로 없습니다. 사자자리는 미인의 진가를 알아볼 줄 아는 사람들이니까요. 당신이 자기 남자가 다른 여성에게 눈길을 주며 감탄하는 것만으로도 질투심을 느끼는 타입이라면, 어서 빨리 적응하고 면역력을 기르는 편이 좋겠지요. 사자자리 남성은 자기의 가벼운 눈길 때문에 연인이 떠난다면 진심으로 충격과 상처를 받을 것입니다. 그러면 사자자리 남성은 심장마비든 눈물로 쓴 편지든, 갖은 방법을 동원해서 결국 당신의 마음을 약하게 만들어 그의 품으로 돌아오게 합니다. 이런 재주가 너무 좋아서 심지어 당신으로 하여금 너무 심했나 하는 느낌까지 갖게 합니다. 당신이 이런 감정적이고 극적인 장면을 즐기는 여인이 아니라면, 처음부터 아예 그를 이해해 주어서 문제를 일으키지 않는 편이 낫겠죠. 당신이 그를 제대로 대접해 주고 있다면, 그의 무분별한 행동은 사실 악의 없고 무해한 행동일 것입니다. 사자자리는 기본적으로 타인에게 친절하지만, 타인의 감정에 과민하게 반응하지는 않습니다. 사자자리 남성은 자기 자신에게 고도로 집중하기 때문에, 무례할 정도로 솔직하고 또한 기교를 부릴 줄 모릅니다. 하지만 그의 매혹적인 미소는 분위기를 순식간에 바꾸어 버리지요. 튼튼하고 우아한 체구를 지닌 따뜻한 사자는 나쁜 의도를 전혀 가지고 있지 않습니다. 무섭게 콧김을 내뿜을 수 있어도 악의나 적의를 품을 사람이 아니고, 정말 잔인한 행동에는 잘 대응하지 못합니다. 또한 사자자리는 스포츠를 즐깁니다. 하지만 나이가 들면 안락의자에 앉아 텔레비전으로 경기를 지켜보면서 당신의 시중을 받는 것을 더 좋아할 것입니다.

항상 그렇지는 않지만 사자자리 남성이 예상 밖의 선택을 하는 경우가 종종 있습니다. 결혼을 통한 신분 상승을 추구하는 염소자리와는 달리, 사자자리는 자기보다 지위가 낮은 사람과 결혼하려는 경향이 있습니다. 물론 사회적 지위에 대한 열망은 남들과 별반 다르지 않겠지만, 자기 사람만은 아랫사람 중에서 선택하려고 합니다. 그러다가 가끔은 선택을 잘못할 때가 있습니다. 늘 발밑에서 흠모하는 눈길로 수줍게 앉아 있던 여성이 어느 날 돌변해서 사자의 왕관을 빼앗아 버리기도 하니까요. 왕관을 빼앗긴 불쌍한 사자자리 남성은 추방당한 왕국에 대한 미련 때문에 비극적인 분위기를 풍긴답니다.

애석하게도 사자자리는 자녀를 많이 낳지 않는 경향이 있습니다. 자녀가 없거나, 자녀와 떨어져 살아야 하거나, 아니면 한 명만 낳아 기르는 경우가 대부분입니다. 사자자리 남성이 따뜻하고 훌륭한 아버지의 자질을 지니고 있고, 자녀의 잘못을 단호하게 지적할 때를 제외하고는 오히려 너무 받아 주는 것이 아닐까 싶을 정도로 열려 있는 아버지라는 점을 고려할 때, 자녀를 많이 두지 않는 것은 안타까운 일이지요. 자녀들은 사자자리 아버지의 요구에 짜증을 내기도 하고 때로는 그의 긴 연설을 지겨워하기도 합니다. 하지만 곧 아버지를 멈추게 할 수 있는 비장의 무기, 아첨을 터득하게 될 것입니다. 아이들은 아버지를 존경하도록 교육 받을 것이고 실제로도 존경하겠지만, 아이들은 "네, 아버지. 지당하신 말씀입니다." 같은 영리한 말로 아버지를 구슬릴 가능성이 높습니다. 따라서 실제로 훈육을 담당할 사람은 당신입니다. 아이들은 아버지의 거만한 태도에 분개할 수도 있지만, 나중에는 대부분 정이 많은 아버지로 기억하곤 합니다. 한 가지 조언을 드리자면 절대로 남편보다 아이들에게 더 많은 관심을 기울이면 안 됩니다. 그러면 사자자리 남편은 자존심에 심각한 상처를 입고는 회복 불가능한 상태가 될 수도 있습니다.

난해한 사자자리 남성에 대해 어떤 평가를 내리셨나요? 따뜻한 사람인가요, 아니면 위험한 사람인가요? 관대한가요, 아니면 이기적인가요? 진심으로 사람들을 좋아하는 사교적인 사람인가요, 아니면 좋아하는 척하면서 주목받고 싶어 하는 사람인가요, 아니면 진짜 사자처럼 왕으로 불리어도 손색이 없는 사람인가요? 사자자리는, 적어도 자기 기준에 따르자면, 사랑이나 일에 있어서는 달인이라고 불릴 만한 자격이 있습니다. 당신도 대체로 그 분야에 있어서 그가 상당히 성공적이라는 점을 인정하게 될 것입니다.

사자자리 남성이 실제로 왕의 자격이 있는지 아니면 그런 척만 하는지 사실 우리는 알 수 없습니다. 하지만 당신의 사자자리 남성에 대해서만은 몇 가지 알고 있지요. 그는 한없이 강렬한 욕구를 가지고 있고, 공작새처럼 도도합니다. 그는 지배하려는 욕구와 사람들로부터 사랑 받고 싶은 욕구가 무척 큽니다. 사자자리는 내심 자기가 실패해서 남의 웃음거리가 되지나 않을까 언제나 두려워한다는 사실을 기억해 두세요. 이러한 두려움이 마음속에서 사자를 계속 고문하기 때문에, 허영과 과장된 위엄으로 자신을 치장한답니다. 하지만 대의명분을 가지고 자기의 고결함을 주장해야 할 때가 오면, 사자에게는 더 이상 어떤 두려움도 존재하지 않습니다. 그럴 때 비로소 사자는 강하고 용감한 척했던 모습이 바로 자기의 실제 모습이었음을 알게 되지요.

사자자리 남성은 연애 시절에는 아주 별난 행동으로 당신을 황당하게 만들겠지만, 장기적으로 보았을 때 결코 나쁜 배우자는 아닙니다. 당신이 자존심을 깊은 바다 밑에 가라앉혀 두고 그 사람을 중심으로 삶을 구축할 수만 있다면, 당신은 그에게 열렬한 사랑을 받고 절대로 외로워지지 않을 것입니다. 게다가 그는 욕실 수도꼭지도 척척 고칠 수 있답니다.

사자자리 여성

♌

"날 보는 건 영광이고 내 말을 듣는 건 은총이죠.
식사와 차를 드는 건 크나큰 특권이에요.
붉은 여왕, 하얀 여왕, 그리고 나와 함께 말이에요!"

사자자리 여성이 가지고 있는 것 중에 당신이 좋아하지
않을 만한 것이 하나 있습니다. 바로 옛날 남자친구들과
의 추억을 담은 사진과 기념품을 모아 놓은 스크랩북입
니다. 그 스크랩북을 태워 버리라고 어르고 부탁해도 소
용없을 것입니다. 사자자리 여성은 감상적이니까요. 사
자자리 여성은 벽지에 그려진 꽃이 아니랍니다. 당당한
해바라기이지요. 그녀의 인기는 하늘을 찌릅니다. 그녀

가 남은 인생을 당신의 아내로만 살아가게 하려면 당신은 만만치 않은 경쟁을 치러야 할 것입니다.

사자자리 여성은 그룹에서 리더가 되는 경우가 많아서 여왕의 자리를 차지하고 있겠지만, 상대방의 마음을 누그러뜨리는 따뜻함과 아름다운 미소 때문에 그녀를 싫어하는 사람은 거의 없습니다. 아마도 다른 여성들은 사자자리 여성이 그 집단의 행동 방식을 이끄는 재능을 타고났음을 감지할 것입니다. 그럼에도 그녀의 권한을 빼앗으려고 시도하는 사람이 있겠지만, 결과는 그다지 신통치 않을 것입니다.

사자자리 여성에게 발랄함과 총명함, 우아함, 아름다움을 모두 선사한 걸 보면, 자연은 편애가 좀 심한 것 같습니다. 게다가 그녀는 일반적인 여성 세 사람 몫의 섹시함까지 지니고 있습니다. 당신이 열등감에 사로잡힌 남성이라면 좀 더 평범한 여성에게 시선을 돌리는 것이 좋을 것입니다. 사자자리 여성을 타인의 명령이나 기다리는 온순한 사람으로 길들일 수 있을 거라는 착각은 처음부터 아예 버리는 것이 좋습니다. 사자자리 여성이 발밑에서 자기를 우러러보기를 기대하는 남성은 바보들의 낙원에 살고 있는 셈입니다. 그녀가 그 기대의 절반만큼이라도 부응해 줘서, 당신을 존경하고 기꺼이 당신의 짝이 되어 주고 자기의 마음을 소유할 수 있도록 허락해 준다면, 당신은 그야말로 운이 좋은 남성입니다. 자기를 사랑하도록 허락한다는 것은, 당신을 기사로 임명한 셈이죠. 이 정도 자격을 얻기도 쉽지 않답니다. 사자자리 여성은 군계일학입니다. 아주 고급스러운 상품이어서 할인마트에서는 구할 수가 없답니다.

사자자리 여성은 거친 풍랑처럼 제멋대로 굴다가도, 젤리처럼 달콤하고 부드럽게 행동할 것입니다. 속삭이는 듯한 목소리에 예의바른 태도는 다정하기 그지없을 것이며, 크고 부드러운 눈은 깜박일 때마다 반짝거립니다. 사자자리 여성이 잔잔한 호수처럼 유하고 침착하게 보일 수도 있습니다. 하지만 마음을 놓으면 안 됩니다. 사람들이 그 모습을 좋아하기 때문에 그런 태도를 취할 뿐이랍니다. 만에 하나라도 당신이 사랑이라는 연극 무대에서, 주연은 다른 사람에게 맡기고 그녀에게는 조연이나 임시 대역을 준다면, 그녀가 절대로 수줍고 순종적인 여인이 아니라는 것을 곧 알게 될 것입니다. 물론 사자자리 여성은 당신이 신하로서의 예를 다하는 동안에도 공공연히, 그리고 분명하게 밝혀 둘 것입니다. 자기는 자존심이 강하고 고귀한 사람이기 때문에 허튼 짓을 하면 안 된다는 것을 말입니다. 설령 자기의 존귀함을 주장하지 않는 사자자리 여성을 만나더라도, 절대로 방심하면 안 됩니다. 그녀의 발톱은 숨겨져 있지만, 여전히 날카롭답니다.

이런 여성에게 구애하려면 먼저 선물을 준비해야 합니다. 비싸고 품격 있는 것이라면 무엇이든지 상관없고, 당신이 의상을 제대로 갖춰 입고 있으면 됩니다. 그리고 찬사의 말을 몇 마디 준비해 두어야 합니다. 하지만 "당신은 나를 뿅 가게 만들었어요."라거나 "우리 애기 정말 멋져."라고 말한다면 바로 궁전에서 쫓겨날 것입니다. 속된 말이나 유행어는 사자자리 여성을 냉담하게 만듭니다. 당신은 여왕에게 구애하고 있다는 사실을 잊지 말아야 합니다. 그녀는 찬사와 존경 없이는 살 수 없는 사람이지만, 당신의 남자다움을 사모하고 당신을 여자에게 꽉 잡혀 사는 약한 남자로 만들 마음도 전혀 없다는 것을 기억해 두시기 바랍니다. 당신이 강한 사람이 아니라면 사자자리 여성에게 사랑받을 수도 없었겠지요. 다만 당신이 져 주는 척하면서 자기를 모욕하는 것은 용납하지 않을 것입니다. 그녀는 자기가 당신보다 약한 존재가 아니라고 확신하고 있답니다.

사자자리 여성은 대부분 운동을 잘하고 또한 즐기지만, 그녀와 함께 야구장에 가기보다는 극장에 가는 것이 현명합니다. 사자자리 여성은 무대 조명에 끌리고, 그 앞에서 더 아름다워 보이기 마련입니다.(발코니 석보다는 오케스트라 석을 사는 것이 좋습니다.) 극 중 여주인공이, 당신이 여자친구에게 기대하는 모습을 연기하는 연극을 고른다면, 여자친구는 무의식적으로 여주인공을 자신에게 투영시켜서 그 역할을 따라 할 확률이 매우 높습니다. 연극이 끝나고 크나큰 감동을 받은 그녀를 햄버거 가게에 데리고 가서 감자튀김이나 먹일 계획 따위는 꿈도 꾸지 마세요. 가끔은 아주 고급스러운 레스토랑으로 모시는 것이 좋습니다. 물론 사자자리 여성이 돈을 목적으로 결혼하는 것은 아닙니다. 사실 사자자리 여성은 관대한 편이라서, 데이트 비용은 반씩 부담하고 당신이 베푸는 만큼 많은 선물을 당신에게 선사할 것입니다. 단지 허름한 장소를 불편해할 뿐입니다. 세상에서 가장 가난한 사자자리 여성이라도 창문에 매달 고급스러운 커튼을 사거나 손가락에 낄 반지를 살 정도의 돈은 어떻게든 모아 둔답니다. 아주 가끔은 호기심으로 빈민촌을 찾을 수도 있겠지만 그야말로 구경꾼의 입장일 뿐이지요. 가난은 그녀를 우울하게 만들고 몸도 아프게 할 수 있습니다. 그러니 당신이 허름한 옷을 입고, 판잣집에서 같이 살자고 한다면, 그녀는 아예 그럴 기회조차 주지 않을 것입니다. 그런 식으로는 절대로 사자자리 여성의 마음을 얻지 못합니다.

프랑스의 어떤 귀족 여성이, 어느 날 베르사유 궁전 정원을 거닐다가 연인에게 이렇게 물었답니다. "서민들도 이렇게 강렬한 사랑의 감정을 알까요?" 그렇다는 답을 듣자, 그녀는 깜짝 놀라서 울음을 터트렸다고 합니다. "서민들에게는 과분하지 않나요?" 아마도 그 귀족 여성은 사자자리였을 것입니다.

가끔 오만하고 허영심이 많다고 해서 사자자리 여성을 비난하지 마세요. 자기가 일반인보다 더 우월하다고 느끼는 것은 어쩔 수 없이 타고난 본성이랍니다. 대부분의 사람들은 그런 그녀에게 그다지 분개하지 않습니다. 따뜻한 사랑과 존경을 받는 사자자리 여성은 세상에서 가장 친절하고 관대한 모습을 보여 줄 수도 있으니까요. 그녀는 아이들과 약자들을 여성스러운 연민으로 감싸안아 주는 사람입니다. 태어날 때부터 정해져 있는 여왕의 권좌에서 무조건 내려오라고 요구할 수는 없지요. 전형적인 사자자리 여성은 너무나도 우아하고 눈부셔서 대부분의 사람들은 그녀가 평범하지 않다는 것을 기꺼이 인정합니다. 실제로도 평범하지 않습니다. 그녀는 똑똑하고 재치 있으며, 강인한데다 능력도 있습니다. 게다가 아주 사랑스러울 정도로 여성적이지요. 상식적으로 누구라도 이런 자질들을 그저 평범하다고 하지는 않을 것입니다.

약간의 아부를 조미료처럼 첨가하면, 당신은 사자자리 여성과 함께 당신이 원하는 곳 어디라도 갈 수 있습니다. 당신은 아부가 그녀의 약점이라는 비밀을 이미 알고 있지요. 당신이 그녀와 결혼하고자 한다면, 자이제 또다른 비밀을 알려 드리겠습니다. 어느 날 마침내 우리에 갇혀 있는 것이 지겨워지면, 그녀는 우리 밖에 사는 다른 고양이들의 삶이 궁금해져서 정글을 돌아다니기 시작할 것입니다. 지붕과 네 개의 벽 안에 그녀를 가둬 두면 하루하루 그녀의 열정이 사라져 간답니다. 그녀가 계속 파티를 열고 집 안을 호화스럽게 치장할 수 있을 만큼 충분하다면 모를까, 그녀를 가정주부로만 못 박아 둔다면 서서히 시들어 갈 것입니다.

사자자리 여성은 보석 같은 아내가 될 것입니다. 후줄근한 운동복을 입고 머리에는 롤러를 말고 얼굴에는 팩을 바른 너저분한 모습은 절대로 볼 수 없을 것입니다. 그녀가 자신을 가꾸지 않는다는 뜻이 아닙니다. 전형적인 사자자리 여성이라면 거울 앞에서 몇 시간이고 앉아서 화장을 하고 머리를 매만지겠지만, 당신에게는 그 과정이 아니라 결과만 보여 주고 싶어 하지요. 가끔은 '혹시 아내에게 딸린 미용사 가족까지 부양하고 있는 것은 아닐까?' 하는 의구심이 들 수도 있습니다. 사자자리 여성의 남편들은 자주 이런 호소를 합니다. "여보, 그렇게 많은 돈을 미용실에 갖다 바쳐야만 해요?" 하지만 사자자리 여성이 자기 머리를 직접 손질하는 경우는 별로 없습니다. 그녀는 누군가가 머리를 감겨 주고 만져 줄 때 왠지 대접받고 있다는 느낌을 받는답니다. 모든 사자자리에게 대접받는 기분이란 정말로 중요한 요소이지요.

게자리, 처녀자리, 또는 염소자리 성향이 전혀 없는 아내라면 카드사용을 잘 감시해야 합니다. 사자자리는 비싼 깃털 장식이나 가구 또는 친구들 선물 같은 것에 돈을 많이 쓰는 편입니다. 옷장 하나를 사도 비싼 물건을 사는 편이지요. 스팽글과 반짝이는 모조 다이아몬드가 주렁주렁 달린 잠옷 가운이나 목이 깊이 파인 멋진 드레스를 입으면 아주 섹시해 보입니다. 하지만 전형적인 사자자리 여성이라면 캐주얼이나 스포츠웨어를 더 좋아할 것입니다. 그녀는 몸에 딱 맞는 옷이나 호화로운 옷은 좋아하지만 장식이나 레이스는 별로 좋아하지 않습니다. 부드러운 캐시미어나 고급 이탈리아 산 니트야말로 그녀가 좋아하는 아이템들이지요. 좀 사치스럽기는 해도 취향이 매우 고급스러운 편입니다. 가끔 지나친 패션 감각으로, 색깔이 너무 야하거나 쇼킹한 옷을 입어서 스스로 스타일을 망치는 경우도 있지만, 전통적인 사자자리 여성의 감각에 비춰볼 때 이런 것은 지극히 예외적인 경우입니다.

당신이 직장 상사를 집에 초대해서 저녁 식사를 할 때 사자자리 아내는 안주인 역할을 훌륭하게 해낼 것입니다. 직장 상사는 당신을 높이 평가할 테고, 직장 상사의 부인도 당신 아내에게 좋은 인상을 받을 것입니다. 사자자리 여성은 일반적으로 남녀 모두에게 인기가 있습니다. 모두들 그녀의 친절한 미소와 활달한 성격에 반하기 때문입니다. 그녀의 밝은 햇살에 노출되어 있는 사람은 누구라도 그 따뜻함을 느낄 수 있습니다. 사자자리는 얼굴에 그늘을 드리우는 경우가 거의 없답니다.

사자자리 어머니는 아이들에게 관대한 사랑을 베풀고 애정을 듬뿍 줍니다. 그녀는 아이들의 잘못을 잘 보지 못하지만, 만약 보게 되면 엄한 태도를 취할 것입니다. 자기를 만만하게 보는 것을 허용하지 않기 때문에, 만약 아이들이 엄마를 존중하지 않는다면 그녀는 토라져서 침묵을 지킬 것입니다. 많은 사자자리 어머니들이 매를 아끼지 않으면서도 이상하게 아이들을 버릇없이 키우는 경향이 있는데, 이는 생각할수록 참으로 모순되는 일입니다. 그녀는 아이들과 즐겁게 뛰어 놀고 오랫

동안 다정하게 이야기를 나누지만, 마치 군인처럼 자세를 바로 잡고 예절을 지키고 또한 어른들에게 순종할 것을 가르칩니다. 동시에 아이들에게 돈을 너무 많이 쓰는 경향이 있고, 사치품을 사 달라고 하면 쉽게 허락해 버리기 때문에 자녀 교육에 안 좋은 영향을 미치기도 합니다. 어쩌면 그녀는 아이들을 왕족의 자녀처럼, 모든 사람들의 총애를 받지만, 언제나 행동거지를 조심해야 한다고 가르치는 것일지도 모릅니다. 그녀는 자기의 자녀 교육 방식을 몹시 자랑스러워하며, 아이들을 상처 입히거나 부당하게 판단하려고 하는 외부인을 오히려 가엾게 여깁니다. 하지만 그녀는 아이들을 숨 막힐 정도로 지나치게 보호하지는 않습니다. 매우 독립적인 그녀는 아이들 주변만 맴돌고 있지는 않습니다. 사자자리 어머니들은 대부분 사회 활동을 하지만, 그녀의 자녀들은 절대로 애정에 굶주리지 않습니다. 사자자리 어머니는 일을 중요시하더라도, 일과 모성애 사이에 침착하게 균형을 잘 잡는답니다.

사자자리 여성은 가끔 자신의 근엄함을 내던지고, 신나고 장난기 많은 사자가 되어 슬랩스틱 코미디의 진수를 보여 주곤 합니다. 그야말로 건장한 짐승처럼 호탕하게 웃다가 그런 순간이 지나면 어느새 다시 근엄한 목소리를 가진 품위 있는 사자로 돌아오고는 하지요. 사자자리 여성만큼 참신한 발언이나 무례한 질문을 냉담하게 묵살해 버릴 수 있는 사람도 드물 것입니다. 그녀는 친하지 않은 사람이 허물없이 구는 것을 별로 달가워하지 않습니다. 비록 친한 사람들 앞에서는 익살스럽게 행동하고 놀라울 만큼 허물없이 굴지라도, 그 외의 사람들과는 거리를 유지합니다.

신의에 대해 이야기하자면, 사자자리 여성은 어느 오래된 건배사를 연상시킵니다. '나와 당신과 사랑과 웃음을 위해서, 당신이 하는 만큼 나도 매순간 진실해질 것이니.' 충분한 설명이 되리라 믿습니다.

방 안 가득한 남성들의 시선을 붙잡는 사자자리 여성의 능력을 질투하지 않기를 바랍니다. 사자자리 여성이 지나가면 모두들 고개를 돌려 그녀를 쳐다볼 수밖에 없습니다. 그녀는 남성들이 자기에게 예를 갖추는 것을 지극히 자연스럽게 여깁니다. 어쩌면 남성들이 자신에게 경의를 표하도록 유도하면서 그들이 던지는 추파를 즐기는지도 모르지요. 갈채와 찬사를 향한 뿌리 깊은 욕구 이면에는 자신의 매력이 충분하지 않을지도 모른다는 기이한 두려움이 숨겨져 있답니다. 그래서 자신이 여전히 매력적인 사람임을 꾸준히 스스로 재확인해야 하는 것인지도 모릅니다. 그녀가 당신의 가장 친한 친구에게 미소를 지으며 새 재킷이 근사하다고 칭찬하는 것은, 당신을 더 이상 사랑하지 않는다는 의미가 아닙니다. 하지만 당신이 그녀의 가장 친한 친구가 입은 새 스커트를 보고 멋지다고 얘기하면 곤란합니다. 이건 전혀 다른 문제랍니다. 당신이 비서에게 '○○ 양'이나 '미스 ○○' 이상으로 친근하게 부르는 것을 그녀가 본다면 고양이처럼 당신을 할퀼지도 모릅니다.

물론 공평하지 않지요. 그래도 아름다운 총천연색 깃털을 지닌 공작새의 자랑스러운 주인이 되기 위해서라면 몇 가지는 양보해야 합니다. 공작새를 갖는 것은 뻐꾸기나 비둘기를 갖는 것과는 전혀 다른 일이니까요. 그녀의 허영심은 그냥 웃어넘기세요. 그녀 입장에서는 중요한 문제입니다. 사자자리 여성은 남성에게 경쟁의식을 느끼기 때문에, 그녀가 당신보다 돈을 잘 버는 경우가 아니라면 다른 면에서라도 체면을 세우려고 합니다. 그러기 위해서라면 그녀는 배우에서부터 외과 의사까지 무슨 일이든 할 것입니다.

저의 가장 친한 벗이자 제가 가장 좋아하는 사자자리 친구는 뉴욕에서 일하는 유명한 정신과 의사입니다. 강의와 상담은 그녀의 일이기도 하지만, 사실 사자자리가 가장 좋아하는 취미 생활입니다. 그녀는 따뜻한 미소와 반짝이는 눈망울로, 또 마음속에는 깊은 연민을 품고 상담을 하기 때문에, 그녀의 환자들은 그녀와 같은 방 안에 있다는 사실만으로도 이내 기분이 좋아집니다. 그녀의 남편은 그녀에게 모든 존경과 연모를 바치지만, 또한 그녀에게 뒤지지 않는 직업을 가지고 있습니다. 그는 재능 있는 작가이자 시인으로서, 감상적인 사자자리에게 늘 감동을 줍니다. 두 사람은 대외적으로는 동등한 위치에서 사람들의 존경을 받고 있지만, 집에서는 남편이 주도권을 가지고 있습니다. 사자자리 여성을 성공적으로 길들인 모범 사례이지요.

이것이 바로 사자자리 여성과 원활한 관계를 유지하기 위한 열쇠입니다. 그녀가 당신의 숨통을 조르도록 내버려 두지도 말고, 그녀보다 위에 서려고 하지도 마세요. 그녀의 욕구를 채워 주면서 당신의 자존심도 세우기 바랍니다. 당신은 도도한 사자자리 여성을 손에 넣었으니 이미 그것만으로도 대단한 남자입니다. 그렇다는 걸 알고 계시죠? 그나저나 어떻게 성공했는지 얘기해 주지 않을래요?

사자자리 어린이

♌

"트위들덤과 트위들디는
싸우기로 했네.
트위들덤이 트위들디에게
자기 새 딸랑이를 망가뜨렸다고 해서."

어릴 때 하던 '왕자와 거지' 게임을 기억하시나요? 그 게임을 할 때 왕이 되지 못하면 항상 입을 삐죽거리던 어린 친구도 기억이 나는지요? 그 친구가 당신 용돈이 다 떨어졌을 때 학용품도 사고 군것질도 하게끔 돈을 빌려주기도 했다면, 틀림없이 사자자리일 것입니다.

전형적인 사자자리 아이는 뭐든지 자기 마음대로 할 수 있어야 밝고, 행복하고, 장난기 넘치며 쾌활합니다. 그렇지 못할 때에는 갑자기 천둥을 동반한 비구름이라도 몰려온 것처럼 상처를 받아서 우울해집니다. 자신감이 좀 지나쳐 보인다고 해서 사자자리 아이를 자꾸 억압하면 안 됩니다. 천둥 같은 열정과 진취적인 기상이 억눌리면, 지배행성인 태양에 흑점이 생기듯이 지워지지 않는 상처를 입게 될 수도 있습니다. 사자자리 아이는 대장 행세를 하는 버릇이 있으므로 소극적인 아이를 둔 부모는 싫어할 수도 있습니다. 친구들 앞에서 심하게 꾸짖기보다는 부드럽게 타일러 자제시키는 것이 좋습니다. 사자자리는 자존심이 대단히 세기 때문에 특히나 사람들 앞에서 자존심을 상하면 당연히 거칠게 반응할 것입니다.

사자자리 아이의 타고난 리더십을 잘 격려해 주세요. 하지만 약한 친구들에게도 모두 한 번씩은 차례가 돌아가야 한다는 것을, 그래야만 공평하다는 것을 가르쳐 주세요.

타고난 정의감을 가지고 있는 사자자리 아이는 늘 주목받고 싶어 합니다. 그러나 적대적인 공격성은 없습니다. 단지 대열의 맨 앞에 서고 싶은 욕구가 있을 뿐이지요. 과시욕이 지나치게 강한 경우에는 자제시키기가 어려울 수도 있습니다. 어린 사자자리 남자 아이는 여자 아이들에게 잘 보이려고 학교 운동장에서 보란 듯이 물구나무서기를 하거나 담장 위를 아슬아슬 걸을 것입니다. 현명한 부모라면 그렇게 과시하는 것이 품위 없는 행동임을 아이가 어릴 때부터 일깨워 주겠죠. 이런 방식은 마법 같은 효과를 발휘하는데, 아마도 태양이 지배하는 아이들이 품위에 대한 타고난 감각을 지니고 있기 때문일 것입니다.

그 아이가 아주 어린 아기일 때부터 이런 점을 발견하게 될 것입니다. 사자자리 아기는 왠지 위풍당당해서 눈에 보이는 모든 대상 위에 군림하는 듯한 느낌을 줄 것입니다. '아기 폐하'라는 말은 사자자리 아기를 설명하기 위해 만들어진 말 같습니다. 사자자리 아기는 일찍부터 자기를 감싸 주는 엄마와 아빠, 그리고 자기를 수행하는 모든 친척들을 거의 손 하나 까딱하지 않고 지배하기 시작할 것입니다. 이상한 일이지만 자두 주스와 계란 노른자를 얼굴에 뒤집어쓰고 배설물로 흥건해진 기저귀를 차고 있는데도, '옥좌'(실제로는 아기용 높은 의자)에 앉아 있는 사자자리 아기는 위엄을 온전하게 유지하고 있을 것입니다. 사자자리 아기는 부모와 친구들로 하여금 예를 갖추게 하고서는, 사람들의 관심과 선물을 그저 우아하게 받아들입니다. 무척 자연스러워 보이지요. 아기는 사람들이 자기를 경배하는 모습을 당연하게 받아들입니다. 낯선 사람들이 다가와서 그를 보고 야단법석을 떨 때에 아기의 만족스럽고 우쭐해하는 표정을 확인해 보세요.

사자자리 아이는 보통 아이들에 비해 좀 더 무모한 편이라서, 모험을 즐기고 언제나 활동적입니다. 그리고 주기적으로 게으름에 빠지기도 합니다. 집 안에서 뒹굴거리며 당신에게 이것저것 시키는 것 말고는 손가락 하나 까딱하기 힘들어할 것입니다. 그럴 때에는 혼자 내버려 두고 누구도 아이의 하인이 아니라는 것을 알게 해 주어야 합니다. 필요한 것이 있으면 휴식을 취한 뒤에 본인이 스스로 해결하도록 해야 합니다. 그렇지 않으면 응석받이 사자자리 아이는 전형적인 폭군이 될 수 있습니다. 물론, 가끔 아이에게 책을 가져다준다거나 초콜릿 우유를 건네주는 정도의 다정한 호의는 괜찮습니다.

당신이 하녀 역할을 자처하는 것이 아닌데도 불구하고, 사자자리 아이의 기분에 맞춰 주는 경우가 제법 많다고 느낄 것입니다. 하지만 사자자리 아이가 자신이 존중받으려면 다른 사람들도 존중해야 한다는 것을 배운다면, 당신은 그 아이와 함께하는 생활이 무척 즐거워질 것입니다. 마치 동물원에서 보는 사랑스러운 새끼 사자처럼, 사자자리 아이는 장난기가 많고 정도 많습니다. 그만큼 엄격하고 애정 어린 훈육이 필요하다는 말이지요. 사자를 길들이는 부모는 따뜻한 포옹과 엄한 매를 둘 다 자주 사용해야 합니다. 한 가지만 사용하면 효과도 별로 없고 위험할 수도 있습니다.

사자자리 아이들에게는 두 가지 유형이 있습니다. 첫 번째 유형은 외향적이어서 명랑하고 쾌활하며 사교적이고, 게다가 따뜻하고 관대합니다. 가끔은 자기주장이 좀 강할 것입니다. 다른 유형의 아이는 보다 조용하고, 겉으로 봐서는 소심해 보이기까지 합니다. 후자는 아이를 너무 지배하려는 부모 때문에 자존심에 심각한 상처를 입었거나, 주위의 관심이 손위 형제에게만 쏠려 있는 경우에 형성되는 성격입니다. 하지만 소심해 보이는 사자도 여느 사자와 마찬가지로 마음속으로는 권세와 갈채를 간절히 원하고 있답니다. 이러한 환경에 오래 노출되면 나중에 어른이 되어 엉뚱한 순간에 엉뚱한 사람들한테 자기주장을 강요하면서 관심을 받으려고 할 것입니다. 아니면 고통 받는 겁쟁이가 되거나 자기 파괴적인 절망 속으로 빠져들 수도 있습니다. 사자자리의 자존심이 오랫동안 억눌리면 정신건강에 치명적인 영향을 미치지요.

어린 사자자리 남자 아이는 군인놀이 같은 도전적인 성향이 강한 놀이를 즐깁니다. 사자자리 여자 아이는 여성스러우면서도 의지가 강하고, 근사한 옷을 즐겨 입으며 예쁘다는 칭찬을 좋아합니다. 집안일과 관련해서는 뭔가 책임 있는 일을 맡고 싶어 할 것입니다. 사자자리 여자 아이는 털털한 편이지만 결국에는 사자의 허영심을 드러내며 성장한답니다. 사자자리 아이가 쓰레기를 치우거나 청소하는 일을 좋아하리라고는 기대하지 마세요. 이 아이들은 하찮은 임무에는 반항하는 경우가 많으니 뭔가 권한을 부여받은 듯한 느낌을 줄 수 있는, 보다 중요하고 품위 있는 임무를 주는 것이 좋습니다.

학교 선생님은 사자자리 학생에게 자기를 대신해서 다른 학생들을 가르치는 역할을 맡겨 보는 것도 좋습니다. 사자자리 아이는 남에게 뭔가 설명하는 것을 좋아하고, 선생님이 없을 때 그 역할을 대신 하는 것을 매우 즐거워합니다. 주목받을 수 있으니까요. 사자자리 아이에게 학급을 통솔하라고 맡기면 보통은 즐거워하며 잘해 내겠지만, 가끔은 사자자리의 장난기가 발동하기 때문에, 교실을 비웠다가 돌아온 선생님은 대 활극을 목격하게 될 수도 있습니다.

어린 사자자리 아이는 스스로 원한다면 무척 빨리 배울 수 있습니다. 똑똑하기 때문에 참을성 있게 지켜보는 교사에게 큰 보람을 선사하겠지만, 배움에 있어서 약간 게으른 면이 있습니다. 꾀를 부리며 밝은 성격과 매력으로 환심을 사려고 할 때가 종종 있을 것입니다. 교사들은 사자자리 아이의 밝은 미소와 아첨에 눈이 멀어서 본래 실력보다 높은 점수를 주는 경우가 많이 있습니다. 잘 생각해 보면, 사자자리 아이에게 공부하기를 강요하는 것은 시간 낭비입니다. 이 아이가 공부를 더 열심히 하도록 만들 수 있는 가장 쉬운 방법은 아이의 자존심을 자극해서 다른 아이들보다 더 우월해지고 싶게 만드는 것입니다. 이렇게 하면 대체로 목적을 이룰 수 있답니다. 아이가 잘했을 때에는 본인이 잘했다는 것을 실제로 느낄 수 있도록 등을 다독여 주세요. 가볍게 두드려 주는 것은 의미가 없습니다. 아이는 아무리 칭찬을 많이 받아도 더 받고 싶어 할 것입니다.

사자자리 아이는 다른 아이들에 비해 용돈이 더 많이 필요합니다. 남은 동전을 다 친구들에게 줘 버리기도 하지만 언제나 자신이 쓸 용돈은 충분해야 합니다. 록펠러가 아이들에게 가르쳤던 돈에 대한 원칙을 사자자리 아이에게 잘 알려 주세요. "기부도 하고 소비도 하고 저축도 하라." 특히 마지막에 있는 저축을 하라는 대목을 잘 가르쳐야 합니다.

사자자리 아이들이 좀 더 자라면, 다른 별자리 아이들보다 훨씬 일찍 이성에 눈을 뜰 것입니다. 하루에 백 번도 넘게 마음이 울렁거려서 그야말로 격변의 청소년기를 보내게 될 것입니다. 우정도 사랑도 아주 극적인 경우가 많고, 다채로운 만남과 이별을 경험할 것입니다. 사자자리 아이는 늘 파티에 가고 싶어 합니다. 아이에게 충분한 자유를 주세요. 그렇지 않으면 반항할 것입니다. 아이에게 혹독하게 명령하면 아이의 자존심과 존엄성이 파괴될 것입니다. 사자자리 아이에게 잘할 수 있다고 진지하게 격려한다면, 아이는 그만큼 더 강해질 것입니다.

사자자리 자녀를 키우는 일은 절대로 쉽지 않습니다. 때로는 이 아이가 절대로 길들여지지 않을 것 같은 느낌이 들기도 합니다. 하지만 아이에게 부드럽고 지속적인 훈육이 필요하다는 점만 잊지 않는다면 길들일 수 있습니다. 사랑과 애정은 사자의 멋진 마음을 여는 마법의 열쇠이기 때문입니다. 어릴 때 사랑을 듬뿍 받은 아이는 불행한 어른으로 성장하지 않습니다. 애정에 굶주리고 타인에게 무시당한 아이들이 자라서 불행한 어른이 되는 것입니다. 사자자리 아이는 아주 용감한 척하지만 속으로는 겁이 많다는 것을 걱정하고 있답니다. 매일 밤 아이를 꼭 안아 주고, 진심을 다해 사랑해 주기를 바랍니다.

사자자리 사장

♌

"이제 네 잘못을 모두 말해 줄 테니 내 말을 잘 들어라."
앨리스는 처음에는 몹시 당황스러웠지만
잠깐 지켜본 후에는 웃음이 터져 나왔다.

사자자리 사장 밑에서 1년 넘게 일하고 있다고요? 정말인가요? 그렇다면 당신은 분명히 남의 이야기를 잘 들어주는 사람인가 보네요.

사자자리 사장은 아마도 기업 세금과 정부 규제, 노동조합 규정들이 모두 자기를 음해할 목적으로 만들어진 개인적인 음모라고 여길 뿐더러, 그 모든 것들을 자기가 거뜬히 잘 처리하고 있다고 생각할 것입니다. 대부분의 사자자리는 조직력이 뛰어나고, 권한을 부여하는 일에 완벽할 정도의 재능을 발휘합니다. 곤란한 상황을 헤쳐 나가는 그 사람만의 방법은, 거들먹거리는 태도로 개요 정도만 당신에게 지시하고는, 아름다운 미소를 지으며 우아하게 손을 흔들면서 "그 다음은 당신이 알아서 하세요."라고 막연하게 말하는 것입니다. 그 다음에는 보고서를 완성해서 가능한 한 빨리 제출하라고 덧붙일 것입니다. "시간을 충분히 가지세요."라고 말하면서 "내일 오전까지만 내가 받아 볼 수 있게 하면 됩니다."라고 덧붙일 것입니다. 사자자리는 세부 사항을 별로 좋아하지 않지요. 대담하게 큰 그림을 한 번에 그리는 것을 좋아하지만, 나머지 귀찮은 수치나 통계 같은 자잘한 내용은 당신이 알아서 해 주기를 바란답니다.

제가 아는 전형적인 사자자리 사장이 하루는 비서를 불러서 아주 중요한 고객에게 보낼 답장을 받아 적으라고 했습니다. 순진한 비서가 노트를 펼치고 펜을 잡으면서 "무슨 말씀을 하실지 정하셨어요?"라고 물었지요. "네, 정했어요." 그 사자자리 사장이 웃으며 대답했습니다. "'어쩌면.'이라고 얘기해 주세요. 이해했죠? 어쩌면. 나머지는 비서가 알아서 채워 넣어요." 이 사자자리 사장은 그런 노련한 지시를 내리고는 고급 식당에 가서 사람들을 몇 명 접대하고, 골프도 치고 오후 다섯 시쯤 사무실에 돌아와서는 편지가 준비되었는지 물었습니다. 편지는 준비되어 있었습니다.(그 비서는 처녀자리였거든요.) 사장은 진지하게 머리를 끄덕이며 편지를 읽고는 전화기를 집어 들었지요. 그러고는 동업자에게 전화로 내용을 불러 주었습니다. 그의 목소리는 사무실 문밖에 있는, 하루 종일 고생한 비서에게까지 들렸습니다. "어떻게 생각해?" 사자자리 사장은 상대방의 생각을 물었습니다. "내가 보기에는 전체적인 상황을 다 고려해서 우리 입장을 명확하게 잘 전달한다고 생각하는데, 그렇지 않아? 물론 나야 늘 나를 표현하는 나만의 방식이 있지. 우리 집사람은 항상 나보고 작가를 해야 한다고 말한다니깐." 잠시 후, 사자자리 사장은 겸손하게 전화를 끊었습니다.

물론 이것은 약간 극단적인 경우이기는 합니다만, 당신이 전형적인 사자자리 사장 밑에서 일한다면 이런 상황에 매우 익숙해질 것입니다. 사장에게 당신의 독창적인 아이디어를 모두 주세요. 사장은 당신을 매우 좋아할 것입니다. 8월에 태어난 사장들은 회사에 창의적인 아이디어를 제시하는 직원을 선호합니다. 하지만 바로 다음날 당신의 아이디어를 구체적으로 계획하는 과정에서 사장이 빙그레 웃으며 내뱉는 말에 너무 놀라지 않도록 대비해야 합니다. "내 머리에서 나오기는 했지만 정말 너무나 탁월한 생각인 것 같아." 사장은 실제로 본인이 먼저 생각해 냈다고 믿는답니다. 믿는 척이 아니라 진짜로 믿고 있습니다. 물론 당신이 사장의 상상력을 발동시켰고, 그렇기 때문에 당신은 사장에게 있어서 매우 소중한 직원입니다. 맞습니다. 하지만 그 아이디어는 어디까지나 당신 생각이 아니라 사장의 생각이랍니다. 기억해 두세요.

사자자리 사장은 아주 가끔, 감사할 줄 모르는 것처럼 보입니다. 어느 날, 읽기 귀찮거나 지겨운 편지들을 산더미 같이 모아서는 당신의 책상 위에 던져 줍니다. 그러고는 그 다음날 아침, 그 일들을 마무리하느라 늦게까지 야근을 한 당신이 게슴츠레한 눈이라도 하고 있으면, 사장은 안락한 자기 사무실로 들어가는 길에 못마땅

하다는 듯이 사자의 갈기를 흔들며 당신 책상이 지저분하다고 중얼거릴 것입니다. 하긴 사자자리 사장의 사무실은 늘 호화롭지요. 부드러운 조명과 음악, 꽃, 푹신한 소파, 그리고 체리우드 책상이 놓여 있을 것입니다. 예산이 열악해도 과일 바구니는 항상 있을 테고, 커튼 없이 우중충한 창문만 달려 있는 사무실에 앉아 있는 경우란 거의 없습니다. 벽에는 훌륭한 그림의 사본이나 주요 인사와 함께 찍은 본인 사진이 걸려 있을 것입니다. 상패나 자격증도 단정한 틀에 끼워 잘 보이는 곳에 걸어두고요.

제가 아는 또다른 사자자리 사장이 있습니다. 그 사람 회사에 한 부하 직원이 있었는데, 그녀는 집중 영업 기간이 되면 매일 야근을 하고 주말에도 계속 일을 했습니다. 서류 캐비닛도 옮기고, 상품을 포장하고 이틀에 한 번씩 정수기 물통도 바꾸었습니다. 그러면서 사장의 크리스마스 쇼핑도 대신 해 주고 1주일에 한 번은 세탁소에서 사장의 세탁물도 가져다주었습니다. 그러던 어느 날 화창한 아침에 그녀는 사장이 부사장에게 자기 칭찬을 늘어놓는 말을 듣게 되었습니다. "헤스터는 정말

보물이야. 그녀가 없으면 내가 어떻게 살지 모르겠어. 정말 환상적이라니깐. 물론 약간 게으르긴 한데, 어떻게 사람이 모든 걸 다 잘하기를 바라겠어?"

그 직원이 당장 그 자리에서 회사를 그만뒀냐고요? 아닙니다. 왜 그런 사소한 일에 신경을 쓰겠습니까? 그녀는 똑똑한 직원이어서 사장의 기막힌 활력을 따라갈 수 있는 사람이 없다는 것 정도는 알고 있었습니다.(물론 그 기막힌 활력 중간마다, 사무실에 놓인 긴 벨벳 의자에서 낮잠을 자기는 합니다만.) 그녀가 새 옷을 입고 갈 때마다 칭찬을 하는 그런 사장을 왜 떠나겠습니까? 생일 선물로 토파즈 팔찌를 사 주고 혼수품으로 워터포드 크리스털을 사 주며, 타자기 색깔이 마음에 안 든다는 말을 이해해 주는 그런 사장을 두고 어떻게 사직서를 제출할 수 있겠습니까? 심지어 사장은 그녀의 타자기를 밝은 노란색 페인트로 칠해 주었습니다. 비록 사장이 손재주가 없어서 몇 주 동안 계속 페인트가 손에 묻어나기는 했지만 그녀는 개의치 않았습니다. 매시간 화장실에 가서 사장이 사다 놓은 향기 나는 고급 비누로 손을 씻는 것도 나쁘지 않았거든요.

그 사자자리 사장은 그녀의 부친에게 새로운 직장을 구해 주었고, 모친이 아플 때에는 병원비도 부담해 주었으며, 그녀의 사촌을 우편실에 취직시켜 달라는 청탁도 들어 주었답니다. 게다가 그녀는 사장이 업계에서 명성이 높다는 것도 자랑스러웠습니다. 지난해에는 상을 두 개나 받았고, 에스콰이어 잡지에서 옷 잘 입는 CEO로 선정되기까지 했습니다. 사장이 자서전을 저술할 때에는 영광스럽게도 그녀가 직접 받아 적었답니다. 자기 아내와 아이들도 무척 사랑하고 아끼며, 비록 한두 번 무모한 선택을 한 적도 있지만, 회사의 이윤을 엄청나게 높여 놓았습니다. 비서가 점심 시간에 늦게 돌아와도 거의 신경 쓰지 않습니다. 지난주에는 그녀에게 더 넓고 저렴한 아파트를 찾아 주었고, 그녀의 약혼자에게 그녀를 제대로 대접해 주지 않는다고 꾸짖기까지 하였답니다. 그런데 그만둔다고요? 뭘 그만두라는 말씀이신지요?

하지만 사자자리 사장 밑에서 일하는 남자 직원이라면 좀 특별한 문제가 있을 것입니다. 그 직원은 독창적이고 대담해야 하며 창의적이고 근면해야 합니다. 하지만 늘 사장이 당신보다도 더 독창적이고 더 대범하며 더 창의적이고 더 근면할 것입니다. 적어도 사장이 보기에는 그렇습니다. 브레인스토밍을 하자고 하면 언제나 "네."라고 해야 합니다. 사장은 1주일에도 몇 번씩 브레인스토밍을 진행합니다. 불가피하게 "안 된다."라고 대답해야 한다면, 그 말을 하기 전에 일단 사장에 대한 칭찬을 엄청나게 늘어놓고, "안 된다."라는 말을 짧게 끼워 넣은 다음에, 마지막에도 칭찬으로 마무리해야 합니다. 당신이 늘어놓는 칭찬들 사이에 그 말이 샌드위치가 되어 사장은 그 거절을 받아들일 것입니다. 하지만 교묘하고 신중하게 해야 합니다.

전형적인 사자자리보다는 좀 더 부드러우면서도 과시는 덜 하는 사자자리 사장이라도 상황이 크게 달라지지는 않습니다. 이 사장 역시 늘 주변을 활기 넘치는 곳으로 만들고 싶어 하고, 또 어딘가 남달리 유쾌한 매력도 많이 있을 것입니다. 사자자리 사장이 직원들의 신뢰와 존경을 한 몸에 충분히 받고 있어서 만족스러워한다면, 당신이 멋지게 해낸 일들을 칭찬하며 당신을 치켜세워 줄 것입니다. 그가 칭찬에 인색할 리는 없으니까요.

하지만 동시에 못마땅한 부분도 감추지 않습니다. 사자자리는 이것저것 고려하지 않고 당신의 단점을 가차없이 지적하는 경향이 있습니다. 유난히 예민한 직원이라면 다른 사장 밑으로 옮기는 편이 더 행복하겠지요. 자존심이 센 직원도 마찬가지입니다. 사자자리 사장의 오만함은 도가 지나친 편이지만, 다행히 따뜻한 낙관주의 덕분에 오만함이 많이 완화된 모습을 보입니다. 사자자리 사장은 주변을 활기 넘치게 하고 상황이 순조롭게 흘러가도록 합니다. 사자자리는 명령을 내리기 위해 태어난 사람들로, 일을 적임자에게 위임해서 제때에 잘 마무리되도록 하는 참으로 부러운 재주를 가지고 있습니다.

사무실에 사자자리 사장이 모르는 비밀이 있으면 그는 화를 냅니다. 직원들이 자기에게 무언가를 비밀로 하고 있다는 사실 자체를 참지 못합니다. 사무실에서 벌어지는 일은 무엇이든 다 알아야 직성이 풀립니다. 사자자리 사장이 당신의 사적인 문제에 대해 참견하기 좋아하고 인생을 어떻게 살아야 하는지 설교를 늘어놓더라도 짜증내지는 마세요. 사장에게 인정받고 있다는 뜻이니까요. 당신을 너무 좋아해서 자기의 탁월한 지혜를 전

수해서라도 당신을 보호하고 싶은 거랍니다.

사실 사자자리 사장에게는 귀여운 구석도 있습니다. 모욕을 받았다고 생각하면 벌컥 화를 내고는, 문을 닫고 들어가 몇 시간이고 토라져 있을지도 모릅니다. 하지만 아첨하는 말을 들으면 자기도 모르게 화가 풀립니다. 사자자리 사장은 옷을 잘 입고, 잘 먹고, 잠도 잘 잡니다. 따뜻하고 남의 잘못에 관대한 이 사람들이, 자신에게 꼭 필요한 영양소인 존경을 제대로 받고 있다면 그야말로 경이로운 일들을 해낸답니다. 이들은 놀라운 강인함으로 하룻밤 사이에 실패를 승리로 바꿀 수도 있는 사람들입니다. 사자는 명령을 내리는 행동 자체에서 막대한 내적 만족을 얻으며, 또한 청중들을 앞에 놓고 강의하는 것을 특히 좋아합니다.

어떤 사자자리 사장은 주목받고 싶은 욕구를 차분한 행동 뒤에 숨기고 있을지도 모릅니다. 하지만 위엄과 자존심 그리고 허영심이라는 면에서는, 차분한 사자도 다른 사자와 다를 바가 없습니다. 사자자리의 기본 성향이니까요. 아닌 것 같다고요? 그의 자존심을 살짝 건드려 보세요. 그리고 바로 멀리 도망가는 것을 잊지 마시고요.

　제가 모셨던 사자자리 사장은 조용한 사자자리에 해당하는 사람이었는데, 매주 화요일 아침에 사장실에서 전 직원이 참여하는 회의를 소집했습니다. 표면적으로는 사내 업무 관계를 향상시킨다는 이유였지만, 실질적인 이유는 다른 데 있었습니다. 내성적인 사자자리 사장에게는 이 주간회의가 직원들을 꼼짝 못하게 붙잡아 놓고 자기 생각을 원 없이 피력할 수 있는 기회였던 것입니다. 자기가 무대에 설 수 있는 순간이었던 것이죠.

　제대로 대접만 받는다면, 지구상에 사자자리만큼 사랑스러운 사람은 없을 것입니다. 하지만 채워지지 않는 자기의 허영심을 만족시키기 위해 터무니없는 존경을 구한다면 어떻게 하냐고요? 그런데 대부분의 경우 사자자리 사장은 진짜로 존경받을 만한 사람들입니다. 당신의 생각을 표절하거나 가끔 당신이 받아야 하는 칭찬을 가로채기는 합니다. 사장의 잘난 체하는 설교를 들어주고, 매번 그의 능력을 추켜세워 주는 것도 피곤할 수 있습니다. 하지만 어떤 사장도 당신이 아기 돌봐 줄 사람을 찾지 못할 때 아기를 회사에 데려와서 책상 옆에 눕혀 두도록 편의를 봐주지는 않을 것입니다. 물론 하루 쉬면서 집에서 아기를 볼 수 있으면 더 좋겠지요. 하지만 사장은 당신이 사무실에 붙어 있기를 바랍니다. 그리고 어쨌거나 사장은 당신 아이의 대부일 테니까요.

사자자리 직원

♌

해가 바다를 비추고 있었어.
온 힘을 다해 비추고 있었지.
최선을 다해 물결을
부드럽게 만들었어.
하지만 그건 이상한 일이었지.
그때는 한밤중이었으니까.

전형적인 사자자리 직원을 무시하기란 거의 불가능할 것입니다. 조용한 유형의 사자자리라도 그를 무시하는 것은 현명한 행동이 아닙니다. 보다 공격적인 사자자리는 당신이 자기 재능에 감사하도록 만들 것이며, 당신에게 자기가 능력 있는 사람임을 입증해서 자기 가치를 알아주기를 바랄 것입니다. 내성적인 유형의 사자자리도 당신이 그렇게 대접해 줄 때까지는 시무룩하게 있을 것입니다. 결국 어떤 유형이든 같은 것을 원하고 있는 셈이죠. 사자자리 직원을 무시하는 일은 절대로 없어야 합니다.

무대 한가운데에서 으르렁거리든 아니면 구석에서 기회를 엿보든, 사자자리는 자존심이 강합니다. 위엄이 있지요. 그는 자신이 우월하다는 것을 알고 있으며, 어떤 누구에게도 과소평가 받고 싶어 하지 않습니다. 사자자리는 겸손한 사람이 아닙니다. 공격적인 타입이든 조용한 타입이든 자기 허영심에 걸맞은 칭찬을 받지 못하면 자기를 존중해 주는 다른 초원을 찾아 떠날 것입니다. 그들은 과소평가 받는 것은 절대로 참을 수 없지요.

모든 사자자리는 직함을 좋아합니다. 크고 거창할수록 좋습니다. 사자자리에게는 급여를 많이 올려 주고 다른 직원에게는 '사무조정 위원장'이라는 직함을 준다면, 사자자리 직원은 별로 고마워하지 않을 것입니다. 당연히 자기보다 자격이 떨어지는 다른 동료가 승진한 것에 대해 골똘히 생각하느라 기뻐할 겨를이 없답니다. 심술이 나서가 아닙니다. 그는 어디에서건 대장이 되어야 하는 사람입니다. 리더십은 사자자리의 타고난 재능

이기 때문에 그것을 완전히 없애기란 불가능합니다. 사자자리는 책임을 맡을 준비가 완벽하게 되어 있는 사람들입니다. 어떤 식으로든 책임을 맡지 못하면 자신이 쓸모없고 무력한 존재라고 느낍니다. 자기가 중요한 사람이라는 느낌을 가질 수 있는 일이 아무것도 없으면, 사자자리는 대신 친구들과 가족들에게 무료 상담을 해 주면서 스스로 그런 느낌을 가지려고 할 것입니다. 낯선 사람도 상관없습니다. 사자자리는 자기의 보석 같은 지혜들을 공평하게 나누어 줍니다. 당신에게는 창고 위에 방을 하나 새로 만들려면 비용이 얼마나 들지 얘기해 주고, 당신의 비서에게는 이혼 수당 문제에 대해 조언을 해 주고, 청소하는 아줌마에게는 발가락 상처에 어떤 연고를 발라야 하는지, 택배원에게는 어떤 동선으로 움직여야 배달을 더 효율적으로 할 수 있을지 설명해 줄 것입니다.

　제가 아는 어떤 조용한 타입의 사자자리 남성은 대기업에서 근무했습니다. 몇 년 동안 그의 가족들은 그가 지역 영업책임자라는 직책을 맡고 있다고 막연하게 알고 있었습니다. 실제로 그는 일반 영업사원이었고 배달

감독을 맡고 있었으며 회사에 없어서는 안 될 중요한 인재이기는 했지만, 경력이 화려한 선임 영업책임자가 퇴사하기 전에는 그 자리에 올라갈 수 없었습니다. 그래서 할 수 없이 그 사자자리 직원은 상처받은 자존심을 애써 보듬으면서, 자기 가족들이 자기가 책임자 직함을 가지고 있다고 여기도록 방기하면서 사자자리의 허영심을 만족시키고 있어야만 했던 것이죠.

그는 오랫동안 꾸준히 애사심을 가지고 회사에 헌신하면서, 뛰어난 책임감을 보여 주었습니다. 그는 거의 25년 동안이나 회사에 창조적인 광고 아이디어를 제공함으로써 회사의 이윤 창출에도 한 몫을 했습니다. 뿐만 아니라 그는 회사의 운송 노선을 항상 감독하고 있었습니다. 어떤 상황 속에서도 그는 자신이 인정받는 날을 기다렸지만, 아쉽게도 최고의 자리로 승진하는 일은 늘 이루어지지 않았습니다. 마침내 선임 영업책임자가 퇴직을 하게 되었는데, 웬일인지 뉴욕에서 날아온 젊은 신참이 그만 그 자리를 차지해 버렸습니다. 그 사자자리 직원은 그날 바로 회사를 그만두었다고 합니다. 출생차트 상 염소자리 영향이 많이 있었기 때문에, 전형적인 사자자리보다는 그 상황을 조금 더 잘 참았을 것입니다. 하지만 그는 자존심에 깊은 상처를 입었고, 그 상처는 평생 낫지 않았습니다. 고귀한 사자가 그렇게 필사적으로 바라고 마땅히 받아야 하는 존중이라는 것을 받지 못했을 때처럼 애처로운 광경은 없을 것입니다.

사자자리는 책임감이 아주 남다르지만 성숙해지기 전에는 잘 드러나지 않을 수도 있다는 점을 유의하시기 바랍니다. 젊은 시절에 사자자리는 전형적인 바람둥이로서 밤낮을 가리지 않고 여인들과 함께 음주가무에 파묻혀 살며, 주위 사람들 중에 가장 화려한 옷을 입고, 광대처럼 익살스러운 행동으로 좌중을 웃게 만들다가, 누군가 자기의 멋진 꼬리를 밟으면 으르렁거립니다.

젊은 사자자리 직원은 판촉과 영업 업무에 활용하는 것이 현명합니다. 쇼맨십을 타고난 그 직원은 따뜻하고 밝은 태도로 고객들을 행복하게 해 줄 것입니다. 이들이 좀 더 성숙해지고 높은 자리로 조금씩 올라가면, 당신이 부여하는 책임을 완수하기 위해 모든 것을 바칠 것입니다. 똑똑한 사장이라면 언제 사자자리 직원이 바람둥이 왕자님에서 근엄한 왕으로 탈바꿈하는지 눈치

챌 수 있을 것입니다.

사자자리 직원은 남녀 모두 이상한 점이 있습니다. 용감한 겉모습과는 달리, 내심 실제로는 용기가 없다는 열등감을 가지고 있다는 점입니다. 이들은 정말 짜증스러울 정도로 자존심이 강하고 터무니없이 허세를 부리며 참을 수 없이 이기적인가 하면, 때로는 더 이상의 설명이 필요 없을 정도로 게으르기도 합니다. 그러다가 일이나 개인적인 삶에서 비상 사태가 발생하면 갑자기 놀랍게도 침착함을 보이기 시작합니다. 심각한 압박에 시달리며 삶의 무게를 온전하게 느낄 때, 사자자리의 타고난 내적 강인함이 빛을 발한답니다.

아주 평온하고 안락한 어린 시절을 보냈던 재클린 케네디는 형언할 수 없는 비극 앞에서 믿을 수 없는 용기를 보여 줌으로써 사람들을 깜짝 놀라게 만들었습니다. 바람둥이였던 사자자리 남성도 무신경하고 무책임한 젊은 시절을 보낸 후에, 아픈 아내를 보살피고 나이든 이모님들을 두 분이나 부양하면서 친구들을 깜짝 놀라게 할 것입니다. 사자자리로 태어나서 태양의 지배를 받는 이 사람들은 문제가 발생하기 전까지는 본인이 어떤 놀라운 힘을 지니고 있는지 전혀 깨닫지 못합니다. 그 전에는 그냥 강인한 척할 뿐이라는 걸 기억하세요. 사자자리의 사나운 포효 소리에는 사실 전혀 필요도 없는 열등감이 숨어 있답니다.

사자자리는 만일 사장이 될 수 없다면, 자기의 재능과 능력을 어떤 식으로든 세상에 보여 줄 수 있는 업무를 맡아야 합니다. 전형적인 사자자리라면 적어도 부사장 급까지 승진을 꾀합니다. 그러다가 이루지 못할 것 같으면, 수도 없이 직업을 바꾼 후에 자신이 스스로 대장이 될 수 있는 그런 직업을 찾아 나섭니다. 임원이나 팀장으로 승진하지 못하면 교사나 영업직, 의사, 변호사, 매니저, 상담사, 연설가, 아나운서, 배우, 작가 또는 심지어 배관공이나 여행 가이드 등의 일을 할 때 더 행복할 것입니다. 사자자리는 자기의 우월한 지식을 어떤 방식으로든 남에게 전달하거나 대중의 관심을 한 몸에 받을 수 있는 직업을 찾을 것입니다. 또한 정치나 홍보 분야에서도 빛을 발할 수 있습니다.

사자자리 직원은 어느 정도 시간이 지나 당신과 비슷한 수준의 임원이 되지 못하면 회사를 떠날 것이라는 점을 명심하세요. 전면에 나서서 활약하지 못하는 상황은 절대로 받아들이지 않을 것입니다. 찬사를 듣고 싶어 하는 마음도 숨기지 않습니다. 함께 일하는 기간이 길든 짧든 간에 사자자리 직원을 두고 있다는 것만으로도 당신은 운이 좋은 사람입니다. 그는 자기가 얼마나 훌륭한 직원인지 보여 주기 위해서 어떤 직원보다도 열심히 일하고, 꾸준히 칭찬만 해 준다면 한껏 고무되어 보통 사람들의 한계를 훨씬 넘어서는 엄청난 활력을 보여 줄 것입니다. 사자자리 직원에게 칭찬을 아낀다면 당신은 그가 지닌 잠재력을 반 이상 갉아먹고 있는 셈입니다.

사자자리 여직원의 허영심도 주기적으로 만족시켜 주세요. 가끔 그녀에게 노란 장미꽃을 선물하고, 다른 직원들이 뭐라고 수군대건 신경 쓰지 마세요. 사자자리 직원을 잃는 것은 큰 손실입니다. 다른 직원들은 사자자리 직원의 미덕이나 능력을 알아보지 못합니다. 사자자리 여직원에게는 가능한 자주, 정말 멋지고 똑똑하다고 얘기해 주세요. 가끔은 콘서트 티켓도 건네주세요. 반드시 두 장을 주어야 합니다. 사자자리 여직원은 거의 예외 없이 이미 결혼을 했거나, 지금 사랑에 빠져 있거나,

또는 어쨌든 철마다 남자친구가 있을 테니까요.

남자 직원의 경우라면 점심 시간에 비싼 식당에 데리고 가서 다른 주요 인사들이 그가 사장과 함께 있는 모습을 볼 수 있도록 해 주세요. 할 수만 있다면 사자자리 직원에게 신입사원 교육을 맡기는 것도 좋습니다. 업무가 늘어나는 것은 개의치 않고, 맡겨진 책임 자체를 자랑스러워하면서, 남에게 무엇을 어떻게 해야 하는지 얘기해 주는 일을 무척이나 즐길 것입니다.

천문해석학을 잘 활용한다면 자존심 강하고 감성적인 사자자리들을 회사의 중요한 인재로 키울 수 있습니다. 그들은 자기의 우아함과 열정으로 회사를 빛낼 것입니다. 햇볕이 잘 드는 쪽에 선명한 노란색이나 오렌지색 커튼과 카펫을 마련하고, 비싼 책상과 컴퓨터를 제공해 주세요. 낡아빠진 장비를 가지고 일하는 것만큼 사자자리의 마음을 우울하게 만드는 요소는 없습니다. 비관적이고 상상력 없는 사람들에게야 상관없겠지만요.

사자자리 직원에게는 넉넉한 경비와 여유로운 점심 시간을 줄 필요가 있습니다. 사자자리에게 있어 식사 시간은 사람들을 만날 수 있는 기회이기 때문에, 이들은 식사 시간을 영업 기술을 실습하는 기회로 활용합니다. 실마리로 삼을 수 있는 기본적인 아이디어만 제공해 주면, 사자자리 직원은 그 씨앗을 아주 흥미진진한 캠페인으로 확장시켜서 새로운 고객을 많이 확보할 것입니다. 그런데 시간에 쫓기고 비용도 걱정해야 한다면 역량을 최대로 발휘하지 못하겠지요. 사자자리 직원은 숫자에 아주 강하지만, 어떤 이유에서인지 동전을 하나씩 세는 법은 모릅니다.

정해진 출퇴근 시간은 사자자리에게는 속박을 의미할 뿐입니다. 방법만 알면 사자자리는 길들이기 쉽습니다. 근무 규정을 좀 더 여유 있게 해 주는 것이 좋습니다. 사자자리 직원은 가두어 둘 수 없습니다. 그러면 부루퉁해져 있거나 반짝이는 의욕을 잃을 것입니다.

사자자리 직원을 채용하는 것은 현명한 결정입니다. 그 직원은 열정을 불러올 것이고 군말 없이 막중한 책임을 떠맡을 것입니다. 그 직원은 칭찬과 권한, 급여 인상, 지위 그리고 자유를 요구하겠지만, 그의 재능, 충성심, 신의, 아이디어 그리고 책임감 등을 고려해 본다면 그리 비싼 대가는 아닙니다. 사실 직원들 중에 진정한 애사심을 가지고 있는 직원이 몇이나 되겠습니까? 공격적인 사자이건 얌전한 고양이건, 모든 사자자리 직원에게는 채찍보다 당근을 많이 주세요. 그러면 그들은 당신의 막강한 후원자가 되어 마치 회사가 자기들의 것인 양 자랑스러워하면서 일할 것입니다. 사자자리의 마음은 그의 자존심만큼이나 넓답니다.

당신은 끝없는 우주입니다

바빌론까지는 얼마나 멀어요?
60마일하고도 10마일 더 가야지.
촛불만 들고 갈 수 있을까요?
물론이지, 돌아올 수도 있는 걸!
－마더구스 중에서

마더구스의 순백색 깃털을 흔들고 그 이상한 주파수에
채널을 맞추면, 지혜로운 마더구스가 비밀을 보여 줄지
도 모릅니다. 언뜻 유치하게 들리는 마더구스의 자장가
에는 숨은 보석 같은 지혜가 담겨 있을 것입니다.

바빌론이 얼마나 멀리 있냐고요? 칼레도니아의 샌
들 신은 사람들의 시대나 보석을 걸치고 향수를 뿌린 이
집트 파라오의 시대에서부터 우주 시대까지는, 혹은 사

라진 아틀란티스 대륙 시대에서부터 제트 항공기 시대인 21세기까지는 어마어마한 시간의 흐름이 있다는 것을 알겠습니다. 하지만 실제로 그 시절이 얼마나 멀리 있는 걸까요? 어쩌면 한두 번 꿈을 꾸고 나면 닿을 수 있는 거리인지도 모릅니다.

과학 분야 중에서 유일하게 천문해석학만이 그 오랜 세월 동안 온전하게 이어져 오고 있습니다. 그 세월 동안 변치 않고 우리 곁에 남아 있다는 사실에 놀랄 필요는 없습니다. 천문해석학은 진실이고, 진실은 영원하니까요. 문명이 처음 생길 때부터 마치 모든 여성들과 남성들의 목소리가 메아리치듯이 오늘날 현대에도 똑같은 말이 반복되고 있지요. "금성이 당신의 지배행성인가요?", "저는 황소자리로 태어났어요.", "당신의 수성도 쌍둥이자리인가요?", "그 사람이 물병자리인 걸 모르시겠어요?"

천문해석학은 우리에게 행성 탐험이라는 흥미로운 미래를 마련해 주는 동시에 우리를 아련한 과거와 연결해 주는 황금 끈입니다. 과거에 황당한 미래 사회에 대한 글을 쓰거나 영화를 만들었던 사람들이 사실 몽상가가 아니었음이 증명되고 있습니다. 너무나도 환상적인 영화 〈벅 로져스〉*는 모든 분야의 과학보다 진보한 이야기를 다루었으며, 이 우주에는 우리가 상상하는 것보다 훨씬 많은 것이 존재한다는 사실을 일깨워 주었습니다. 만화책 주인공이었던 딕 트레이시가 사용했던 양방향 손목 무전기는 이제 더 이상 환상이 아니라 현실이 되었지요. 문 메이드**의 가장 강력한 무기는 레이저 광선이라는 기적과 맞아떨어지면서 납을 물처럼 흐르게 하고 인간이 알고 있는 어떤 단단한 물질도 뚫을 수 있게 되었습니다. 쥘 베른Jules Verne과 플래시 고든Flash Gordon은 상당히 매력적인 예언가로 평가받고 있습니다. 바다 속 심연과 그보다 훨씬 먼 지구 위 하늘에는 중요한 비밀이 숨어 있다는 사실도 이제는 과학으로 밝혀졌지요.

공상과학 작가나 만화가가 연구실에 있는 과학자보다 과거와 현재 그리고 미래 사이의 실제적인 거리감에 대해 더 잘 알고 있는 걸까요? 아인슈타인 박사는 시간

* 벅 로져스(Buck Rogers): 1939년 미국에서 제작된 공상 과학 영화.
** 문 메이드(Moon Maid): 에드거 라이스 버로스의 판타지 소설 『The Moon Maid』의 주인공.

이 상대적이라는 사실을 알아냈습니다. 시인들도 항상 알고 있었고, 과거로부터 전해 내려오는 현자들도 알고 있었습니다. 그 메시지는 새로운 것이 아니었죠. 요즘처럼 천문해석학에 관심이 쏟아지기 훨씬 이전에도 플라톤, 톨레미, 히포크라테스, 그리고 콜럼버스는 천문해석학의 지혜를 존중했고 갈릴레오, 벤 프랭클린, 토머스 제퍼슨, 아이작 뉴턴, 그리고 카를 융 같은 사람들도 천문해석학을 가까이했습니다. 존 퀸시 애덤스 대통령도 그 중 한 명이며 위대한 천문학자 튀코 브라헤, 요하네스 케플러도 추가해야 합니다. RCA* 회사의 천재 연구원 존 넬슨, 그리고 퓰리처 수상에 빛나는 존 오닐 등도 있습니다. 이들 모두 고등교육을 받은 사람들이지요.

1953년 노스웨스턴 대학의 프랭크 브라운 주니어 교수는 굴을 가지고 실험을 하는 과정에서 정말 놀라운 사실을 발견했습니다. 지금까지 과학계에서는 굴이 껍데기를 열고 닫는 주기는 태어난 장소의 조수간만 주기

---

* RCA(Radio Corporation of America): 1932년 설립된 미국의 전자 기업으로 미국 내에 라디오와 텔레비전을 보급했다. 1986년 제너럴 일렉트릭(GE)에 인수되었다.

를 따른다고 추정해 왔습니다. 하지만 브라운 박사가 롱아일랜드 해협에서 채집한 굴을 일리노이 주의 에반스턴에 있는 연구실 수조에 가져다 놓았을 때 이상한 일이 벌어졌습니다.

굴을 옮겨 놓은 곳은 항상 일정한 온도를 유지하고 늘 희미한 조명을 켜 둔 상태였습니다. 처음 2주 동안 그 옮겨진 굴은 1000마일 떨어져 있는 롱아일랜드 해협의 조수간만에 따라 껍데기를 열고 닫았습니다. 그러다 갑자기 껍데기를 굳게 닫고는 몇 시간 동안 그대로 있었습니다. 굴이 향수병으로 인해 껍데기를 닫아 버렸다고 브라운 박사 연구팀이 결론 내리려고 할 즈음 이상한 일이 생겼습니다. 굴이 다시 껍데기를 연 것입니다. 롱아일랜드 해협 밀물 시간에서 정확하게 4시간 뒤인 에반스턴 밀물 시간에, 마치 해변에 있는 굴처럼 껍데기를 열었습니다. 새로운 주기가 시작되었습니다. 자신의 리듬을 새로운 지리적 위도와 경도에 맞췄습니다. 도대체 어떤 힘이 작용했을까요? 물론 달의 힘이죠. 브라운 박사는 굴의 에너지 주기가 밀물과 썰물을 통제하는 신비한 달의 신호에 의해서 움직인다고 결론 내릴 수밖에 없었습니다.

이와 마찬가지로 인간의 에너지와 정서적 주기도 여러 행성들로부터 오는 훨씬 더 복잡한 전자기 네트워크에 영향을 받습니다. 과학계에서는 달의 인력으로 인해 바다에서 조수간만의 차가 발생하는 것으로 인식하고 있습니다. 신체의 70퍼센트가 물로 구성되어 있는 인간이 그런 강력한 행성의 인력에 영향을 받지 않을 수 있을까요? 우주 비행사들이 행성에 다가갈 때 느끼는 엄청난 전자기력의 영향은 익히 알려진 사실입니다. 달의 인력은 여성들의 월경 주기나 출산에도 영향을 미친다고 알려져 있고, 정신병원 환자들이 달의 영향을 받는다는 의사와 간호사들의 반복되는 증언도 있습니다. 보름달이 뜨는 날에는 경찰도 힘들어한다는 얘기를 들어 보셨는지요? 농사력에 나오는 조언을 무시하고 지지대를 박거나 돼지를 잡거나 작물을 심는 농부가 있을까요? 달과 행성들의 움직임은 의회에서 논의하는 세금 문제만큼이나 중요한 문제입니다.

모든 행성 중에서도 달의 인력이 가장 두드러지고 극적인데, 그것은 달이 지구에서 가장 가깝기 때문입니다. 하지만 태양을 비롯해서 금성, 화성, 수성, 목성, 토성, 천왕성, 해왕성, 명왕성도 아주 멀리서 그 영향력을 분명히 행사하고 있습니다. 과학자들은 식물과 동물이 어떤 규칙적인 주기에 영향을 받는다는 사실을 인식하고 있는데, 그 주기는 바로 공기 중에 있는 자장이나 기압의 변동 그리고 중력과 같은 힘에 의해서 결정된다고 합니다. 지구에 영향을 미치는 이러한 힘은 별의 보이지 않는 파장이 날아오는 우주에서부터 비롯됩니다. 달의 변화, 감마선·우주선·엑스선 샤워, 배 모양 전자기 파장의 맥동, 그리고 외계로부터 오는 여타의 영향력들은 우리를 둘러싸고 있는 대기권을 지속적으로 뚫고 쏟아져 내리고 있습니다. 지구상에 있는 어떤 생명체나 광물도 그것을 피할 수 없으며 우리 인간도 마찬가지입니다.

예일대 의대 해부학 박사인 해럴드 버는 복잡한 자기장이 인간의 출생 시에 어떤 패턴을 형성하는 것뿐만 아니라 사는 동안 그 패턴을 통제한다고 언급했습니다. 버 박사는 또한 인간의 중추신경계는 전자기 에너지를 매우 잘 흡수하는, 자연계에서 가장 예민한 기관이라고 말했습니다.(인간은 굴보다 좀 더 멋있게 걷기는 하지만 굴과

똑같은 진동 소리를 듣는다는 말이지요.) 또한 우리 뇌 속에 있는 세포 10만 개는 전기가 흐를 수 있는 무수히 많은 회로를 형성하고 있습니다.

그러므로 우리 몸과 뇌 속에 있는 미네랄과 화학 물질 및 전기적인 세포는 태양의 흑점, 일식 그리고 행성의 움직임에서 발생하는 모든 영향에 반응합니다. 인간도 다른 모든 살아 있는 유기체와 마찬가지로 우주의 끊임없는 밀물과 썰물에 반응합니다. 하지만 인간은 고유의 자유의지가 있기 때문에 그런 외부의 영향력에 구속될 필요는 없습니다. 다시 말해서 우리의 정신은 이러한 행성들의 영향보다 더 우위에 있다는 뜻입니다. 그러나 불행하게도 우리 대부분은 자유의지(정신의 힘이지요.)를 사용하지 못하고 있고, 우리의 운명을 미시건 호수나 옥수수자루만큼이나 제어하지 못하고 있습니다. 천문해석가의 목표는 사람들이 인생의 급류에 그냥 쓸려 다니지 않고 그 흐름에 맞서 싸우는 방법을 얻도록 도와주는 것입니다.

천문해석학은 과학인 동시에 예술입니다. 비록 많은 사람들이 그 기본적인 사실을 무시하고 싶어 하지만 결코 간과할 수 없습니다. 많은 천문해석가들은 사람들이 천문해석학과 관련한 직감만을 언급하는 것에 대해 분노하고 있습니다. 천문해석가들은 직감과의 연관성을 언급하는 말에 대해서 '천문해석학은 수학에 기초한 정확한 과학이다. 절대로 직감력과 동일선상에서 언급되어서는 안 된다.'라고 강력하게 주장합니다. 저는 그들의 의견도 진정성이 있다고 생각하지만, 왜 그 두 가지를 전혀 다른 것으로 구분해야 하는지 계속 의문이 듭니다. 오늘날에는 문외한들도 자신의 초능력을 알아보기 위해서 책이나 게임 또는 연구 실험을 시도하고 있습니다. 천문해석가라고 그러지 말아야 한다는 법은 없습니다. 육감을 가지고 있거나 개발하고 있는 소수의 사람들을 닭이 머리를 모래에 숨기듯 모른 척해야만 할까요?

천문해석학의 출생차트 계산이 수학적 데이터와 천문학적 사실에 근거한다는 점을 고려한다면 천문해석학은 정확한 과학입니다. 의학도 사실과 연구에 기초한 과학입니다. 그럼에도 불구하고 모든 훌륭한 의사들은 의학이 또한 예술이라는 점을 인정하고 있습니다. 의사들은 직감적 진단을 하는 동료들이 있다는 것을 인식하고 있습니다. 내과 의사들은 개인마다 정도의 차이는 있지만 의학적으로 입증 가능한 사실을 해석함에 있어서 그들에게 막대한 도움을 주는 예민하고 특별한 감각이 있다고 말할 것입니다. 의학적 이론을 종합하여 환자의 개인 이력과 관련된 실험 결과를 해석하는 것은 공식처럼 미리 결정되어 있지 않습니다. 의사의 직감적 통찰력이 없이는 불가능한 과정입니다. 그렇지 않다면 의학은 그냥 전산화하면 그만일 것입니다.

음악도 또한 엄격한 수학 법칙이라는 과학적 토대가 있는 분야로, 코드 진행에 대해 공부해 본 사람이라면 누구나 알고 있을 것입니다. 간주곡들은 논쟁의 여지 없이 수학적 비율에 의해 결정됩니다. 하지만 음악 역시 예술이지요. 누구나 〈월광〉이나 〈바르샤바 협주곡〉을 배울 수는 있지만 벤 클리번의 연주가 다른 사람들과 다른 것은 그 감각 또는 직감적 통찰력의 차이일 것입니다. 음표와 화음은 언제나 수학적으로 정확하게 똑같습니다. 하지만 그에 대한 해석이 다른 것이죠. 이것이 바로 과학이라는 단어의 정의와는 전혀 관계가 없는 명확한 현실입니다.

천문해석학을 남에게 가르칠 수 있을 정도로 아주 훌륭하게 공부하는 지적인 사람들도 있지만, 천문해석학이라는 과학을 예술의 경지로 끌어올릴 수 있는 감각적 해석이나 직감적 통찰력을 겸비하는 사람은 많지 않습니다. 물론 정확하고 도움이 될 만한 천문해석학 분석을 제공하기 위해 심령술사나 영매가 될 필요는 없지만, 천문해석가의 직감력은 분명히 출생차트를 종합하고 분석하는 데에 도움을 주는 자산이 됩니다. 물론 그런 직감력이 있는 천문해석가도 기본적으로 수학 계산에 능숙해야 하며 자신의 예술에 있어 과학적인 기본 사항을 엄격히 준수하는 태도가 있어야겠죠. 그런 천문해석가는 의식적인 능력과 무의식적인 능력을 잘 조합하여 사용하기 때문에, 당신은 유능하고 전문적인 천문해석가들을 두려워할 필요가 없습니다. 오히려 그런 사람을 만날 수 있다면 행운이지요. 어떤 분야에서든 예민한 통찰력을 보유한 사람은 드물답니다.

요즘에는 천문해석학의 인기가 높아지면서 갑자기 돌팔이 천문해석가들이 많이 나타났지만, 정말로 필요한 제대로 된 천문해석가와 스승은 많지 않습니다. 가까운 미래에는 천문해석가가 유수의 대학에서 '별의 과학'을 전공한 전문가로 인식될 날이 올 것입니다. 행성들이 인간의 행동에 미치는 영향에 대한 중요한 연구는, 옛날 유럽에서 그랬던 것처럼 주요 대학에서 교과목으로 가르치게 될 것입니다. 천문해석학을 가르치고 연구할 수 있는 능력이나 개인차트를 분석할 수 있는 능력이 출생 차트에 나타나는 학생들만 받게 될 것이며 그 과정은 법대나 의대만큼이나 어려울 것입니다. 자기장, 기후 조건, 생물학, 화학, 지질학, 천문학, 수학, 사회학, 비교종교학, 철학, 심리학도 공부해야 하고 천문 차트를 계산하는 방법과 해석하는 방법도 공부해야 하며 졸업생들은 천문해석가(D.A.S: Doctor of Astral Science)라는 자격을 부여받아야 간판을 걸 수 있을 것입니다.

현재의 연구 단계에서 초보자들이 천문해석학에 가장 안전하고 타당하게 접근할 수 있는 방법은 열두 개 태양별자리에 대해 완벽하게 공부하는 것이며, 이것은 마치 응급조치나 건강 상식을 공부해서 의학이론에 익숙해지는 것과 마찬가지입니다.

언젠가 인류는 천문해석학, 의학, 종교, 천체물리

학, 정신과학이 모두 하나라는 사실을 발견할 것입니다. 그 모든 것이 합쳐져야 비로소 완벽한 전체를 이루게 됩니다. 그때까지 각 분야는 조금씩의 결함을 가지고 있을 것입니다.

천문해석학에는 서로의 의견이 충돌하는 혼란스러운 부분이 있습니다. 바로 환생에 대한 의견입니다. 오늘날에는 누구나 긍정적이든 부정적이든 윤회설에 대한 의견이 있을 것입니다. 물병자리 시대로 들어가는 20세기에는 여기저기에서 점괘판이나 잔 딕슨*에 대한 이야기를 듣게 됩니다.

전문적인 천문해석가들은 윤회설 또는 카르마를 바탕에 깔고 해석하지 않으면 천문해석학은 불완전한 것이라고 믿고 있고, 저 또한 그렇습니다. 윤회설을 강하게 부인하는 사람들이, 특히 천문해석학이 상대적으로 낯선 서양에 많이 있습니다. 천문해석학을 활용하기 위해서 반드시 환생 이론을 받아들여야 하는 것은 아닙니다. 또한 전생 혼의 존재는, 아무리 논리적으로 설명하

* 잔 딕슨(Jeanne Dixon, 1904~1997) : 미국의 유명한 점성가이자 심령술사.

더라도 과학적으로 규명된 적이 한 번도 없습니다.(문서로 남긴 설득력 있는 정황 증거와 성경이 있기는 합니다.) 환생은 그 특성상 확실하게 손에 잡히는 증거를 영원히 확인할 수 없을지도 모릅니다. 고대인은 진화한 영혼이 끊임없이 다시 태어나는 환생 주기를 끝내려면 카르마의 진실을 추구하는 단계에 도달해야만 한다고 가르쳤습니다. 그러므로 환생을 믿는 것은, 우주에서 환생이 존재하고 있다는 것과 현생의 삶에서 그 카르마가 말하는 의무가 어떤 의미인지 찾을 수 있는 진화한 영혼에게는 선물이자 보상입니다. 그 깊은 신비가 증명되면 개개인이 스스로의 의지로 그것을 발견하기 위해 애쓸 필요가 없어지기 때문에, 영원히 증명되지 않고 각자 자신의 마음속에서 환생에 대한 답을 찾아야 하는지도 모릅니다. 하지만 스스로 찾기 위해서는, 다른 사람들이 무엇이 거짓이고 무엇이 참인지 발견해 놓은 지식을 배워야만 할 것입니다. 놀라운 예언가인 에드거 케이시에 대한 책이 호기심 많은 초심자들의 이해를 도울 만하고, 환생에 대해서는 훌륭한 책들이 많이 나와 있으니, 몇 권 골라서 본다면 여러분이 스스로 환생이 고려할 만한 가치가 있는 주제인지 아니면 단순한 사술인지 생각을 정리하는 데에 도움이 될 것입니다. 이것이 우리가 직접 찬반양론을 철저하게 조사하고 삶과 죽음에 대한 문제에 접근하는 유일한 방법일 것입니다.

현대에는 보이지 않는 영향력에 대한 관심이 새롭게 일어나고 있으며, 독심술에 대한 관심이 그 좋은 예라고 할 수 있습니다. 미국항공우주국에서는 지구와 우주 비행사 사이의 통신이 두절되는 상황에 대비하기 위해 막대한 자금을 투자하여 선별된 우주 비행사들을 대상으로 감각적 인식을 통해 메시지를 전달할 수 있는지 확인하는 초감각적 지각 실험을 진행하고 있습니다. 이런 연구 분야에서 러시아가 미국보다 훨씬 앞서 있는 것으로 전해지는데, 이것을 보면 독단적이고 물질주의적인 사고를 배제해야 하는 이유를 알 수 있습니다.

사람들 사이의 이런 보이지 않는 파장에 대한 성공적인 실험결과 덕분에 의사들도 관심을 가지게 되었습니다. 의학계는 암이나 패혈증, 인두염과 같은 질병이 정신적·감정적 긴장으로 유발된다는 사실을 오래 전부터 인정해 왔으며, 오늘날에는 환자의 성향이 암의 진전과 분명한 관계가 있다는 이론을 확립하고 있습니다. 최근 기사에서는 저명한 의사들이 정신과 의사들과의 협력을 통해 어떤 환자가 질병에 예민한지 사전에 확인해서 질병을 조기에 치료하거나 예방할 수 있도록 해야 한다는 주장이 나왔습니다. 하지만 천문해석학에서는 질병이 정신과 감정에 의해 발생하며 그러므로 정신과 감정을 통해 통제하거나 제거할 수 있다는 것을 오래 전부터 인지해 왔습니다. 또한 특정 행성의 영향을 받는 순간에 태어난 사람은 특정 질병이나 사고에 노출될 확률이 높거나 또는 반대로 면역성을 가지고 있다는 사실 또한 알고 있었습니다. 환자의 출생차트 상에 행성들의 위치와 각도를 보면 의학에서 찾는 지식을 잘 알 수 있답니다.

고고학과 인류학에서 발견한 내용에 의하면 고대 이집트에서는 천문해석가이자 의사인 사람들이 고도의 기술로 뇌수술을 했던 것으로 밝혀졌습니다. 오늘날에도 진보적인 의사들은 고대 그리스 의사들이 했던 방법을 따라 달이 이동하는 별자리를 남몰래 체크하기도 합니다. 고대 의사들은 히포크라테스 계율에 따라 '달별자리에 해당하는 신체 부위나 달이 90도 혹은 180도를 맺는 신체 부위에는 칼을 대지 않는다.'라는 내용을 실천했습니다. 의학적인 천문해석학과 그 가치에 대해서는 질병의 원인과 예방 차원에서 논의해야 할 부분이 많고 또한 워낙 방대한 주제이므로 별도의 책에서 다루어야 할 것입니다.

의학계뿐만 아니라 일부 여행사나 보험 회사, 항공사에서도 치명적인 항공기 충돌 사고가 탑승객과 승무원의 출생차트와 관계있는지 은밀하게 조사하고 있습니다. 우리는 고대의 지식으로부터 물질적 사고 방식으로 후퇴했다가 많은 시간이 흘러 다시 진실로 나아가고 있습니다. 세월이 흐르면서 행성들은 그 장엄하고 확고한 궤도를 변함없이 유지하고 있습니다. 고대 바빌론의 하늘과 베들레헴의 하늘에서 빛나던 별들은 지금도 엠파이어스테이트 빌딩 위에서 또는 동네 뒷산 하늘 위에서 여전히 빛나고 있습니다. 그 별들은 수학적으로 정확한 주기를 가지고 있고, 여전히 인간을 포함한 이 지구 위에 있는 모든 생명체에 영향을 미치고 있으며, 지구가 존재하는 동안에는 앞으로도 변함없이 그럴 것입니다.

천문해석학은 운명론이 아니라는 점을 항상 기억해 주시기 바랍니다. 별은 어떤 경향을 부여할 뿐 강요하지는 않습니다. 우리 대부분은 행성과 출생차트의 영향뿐만 아니라 주변 환경과 물려받은 유전적인 환경에도 맹목적으로 순종해야 하고 이러한 환경의 힘이 우리보다더 강력하다고 생각하는 경향이 있습니다. 우리가 이런모든 요소들에 대해 통찰력이 없기 때문에 저항도 하지않는 것이죠. 그럴 때, 우리의 별자리는 마치 지문처럼우리에게 맞아떨어집니다. 우리는 우리를 움직이는 그힘을 경멸하든 무시하든 간에 인생이라는 체스 게임에서 말처럼 움직여집니다. 하지만 누구든 태어날 때의 환경상의 어려움은 극복할 수 있습니다. 우리의 의지력이나 정신력을 이용하여 누구든 자신의 기분을 조절하고인성을 변화시키고 자신의 환경과 태도를 제어할 수 있습니다. 이렇게 할 수 있을 때 우리는 비로소 체스판의말이 아니라 그 말을 움직이는 주체가 됩니다.

당신은 "나는 태어날 때부터 그런 힘이나 능력이 없어."라고 말하면서 별을 따르는 것을 주저하시는지요? 당신은 보이지도 들리지도 말하지도 못하는 자신을 극복하기 위해 심원한 내면의 의지력을 발휘했던 헬렌 켈러보다 더 많은 것을 가지고 태어났습니다. 헬렌 켈러는 자신의 출생차트 상의 어려운 요소들을 명예, 부, 존경 그리고 수많은 사람들에 대한 사랑으로 바꾸었으며, 그렇게 행성들의 영향력을 극복했습니다.

두려움 때문에 내일을 바라보지 못하시나요? 무지개에 닿기도 전에 우울함과 비관주의가 당신의 무지개를 회색빛으로 물들이나요? 미국 영화배우였던 퍼트리샤 닐은 우울함과 불안함을 강철 같은 정신력으로 탈바꿈시켰습니다. 그녀는 비극 앞에서도 미소를 보였고 그 미소는 치명적인 마비 증상까지도 날려 버릴 만큼 충분한 감정적인 에너지를 발산해서 의사들도 깜짝 놀라게 만들었지요.

신문 지상에서 떠들어 대는 것처럼 미국이 냉전 시대, 국민적 혹은 국제적 몰이해, 범죄율 증가, 불평등, 편견, 도덕적 해이, 윤리 상실, 그리고 어쩌면 핵폭발로 곧 사라질 위기에 처해 있다고 걱정하고 계시나요? 윈스턴 처칠도 개인적으로 그리고 국가적으로 패배에 직면한 적이 있었죠. 하지만 그는 눈을 반짝거리면서 강철 같은 의지를 품고 마음속으로 기도를 했습니다. 이 세 가지로 그는 한 사람의 용기가 수많은 사람들에게 맹목적인 낙관주의와 굳건한 힘을 일깨워 주는 기적을 일구어 냈습니다. 결과적으로 그런 파장은 공포를 녹여 버리고 세상에 영감을 주었으며 승리를 이끌어 냈습니다. 처칠은 자신과 자신의 국가가 체스판의 말이 되기를 거부하였던 것입니다.

그런 사람들은 특별한 경우라고 생각하시나요? 당신도 기적을 만들어 낼 수 있습니다. 누구나 할 수 있습니다. 당신에게도 강력한 행성들의 전자기력에 대한 면역력을 기를 수 있는 충분한 힘이 있습니다. 그럼에도 불구하고 너무 쉽게 포기해 버리고 당신의 잠재력을 깨닫지 못한다면 정말 안타까운 일이지요.

증오와 두려움을 정복하고 나면 우리의 의지는 자유로워지고 엄청난 힘을 발휘할 수 있게 됩니다. 이것이 바로 말 없는 별들에 담겨 있는 당신 출생의 메시지입니다. 그러니 귀를 기울여 보세요.

어떤 고대 전설에서는 힘과 주술적 비밀을 알고 싶어서 현명한 마술사를 찾아가는 남자의 이야기가 있습니다. 마술사는 그를 맑은 호숫가로 데리고 가서 무릎을 꿇게 했지요. 그러자 그 현명한 마술사는 사라져 버리고 혼자 남겨진 그 남자는 물 속에 비친 자기 모습을 보게 되었습니다.

"내가 하는 것을 그대도 할 수 있다.", "구하라, 그러면 얻을 것이다.", "두드려라, 그러면 열릴 것이다.", "진실을 추구하라, 진실이 너희를 자유롭게 하리라."

바빌론까지는 얼마나 멀어요?
60마일하고도 10마일 더 가야지.
촛불만 들고 갈 수 있을까요?
물론이지, 돌아올 수도 있는 걸!

이것은 시일까요 아니면 수수께끼일까요? 이 우주 속에 있는 모든 것은 우주 법칙의 일부이며 천문해석학은 그 법칙의 기본입니다. 천문해석학에서 종교와 의학, 천문학이 생겨난 것이지 그 반대가 아닙니다.

고대 그리스의 도시였던 테베에는 열두 별자리가 조각되어 있는데 아주 오래된 것이라 정확한 기원은 알

수 없습니다. 아틀란티스일지도 모릅니다. 하지만 그 상
징들을 어디서 가져왔고 누가 새겼든 간에 그 메시지는
영원합니다. '당신은 끝없는 우주입니다.' 그리고 아직까
지 하나의 별밖에 보지 못했답니다.

당신의 별자리

사자자리

2012년 12월 21일 초판 1쇄

지은이 린다 굿맨 ‖ **옮긴이** 이순영

펴낸이 이순영 ‖ **편집** 이루리 ‖ **디자인** 오빛나 ‖ **덕담** 최우근 ‖ **박은곳** 한영문화사

펴낸곳 북극곰 ‖ **주소** 서울시 은평구 진관동 은평뉴타운 우물골 239동 1001호

전화 02-359-5220 ‖ **팩스** 02-359-5221

이메일 bookgoodcome@gmail.com ‖ **홈페이지** www.bookgoodcome.com

블로그 http://blog.naver.com/codathepolar ‖ **페이스북** 도서출판 북극곰

ISBN 978-89-97728-23-7 03180   **값** 9,000원

Linda Goodman's Sun Signs

©1968 by Linda Goodman

Korean translation rights arranged with Taplinger Publishing Co., Inc.